सदाबहार कहानियाँ

ऑस्कर वाइल्ड

अनबाउंड स्क्रिप्ट का उपक्रम

सदाबहार कहानियाँ : ऑस्कर वाइल्ड

ISBN : 978-93-92088-77-3

प्रकाशक : अनबाउंड स्क्रिप्ट
2/41, अंसारी रोड,
दरियागंज, दिल्ली–110002

वेबसाइट : **www.unboundscript.com**
ई-मेल : **books@unboundscript.com**
फोन नं. : **011-35807601**

मुद्रक : विकास कम्प्यूटर एंड प्रिंटर्स
लोनी, गाजियाबाद, उत्तर प्रदेश

मूल्य : ₹ 125/-

अनुक्रम

आदर्श करोड़पति

व्यर्थ है आपका आकर्षक होना अगर आप अमीर नहीं हैं तो। रोमांस धनी लोगों का विशेषाधिकार है, न कि बेरोज़गारों का व्यवसाय। ग़रीबों को व्यावहारिक एवं सामान्य (नीरस) होना चाहिए। आपके आकर्षण से अच्छी है आपकी स्थाई आय। आधुनिक जीवन के ये कुछ महान सत्य हैं जिन्हें ह्यूई अर्स्किन ने कभी अनुभव ही नहीं किया। बेचारा ह्यूई! हमें अवश्य स्वीकार करना चाहिए, बौद्धिक रूप से, अधिक मह्त्व का नहीं था। उसने अपने जीवन में कभी कोई उत्कृष्ट वाक्य नहीं कहा था और न ही कोई चिड़चिड़ी बात की थी। परन्तु वह अपने लहराते हुए भूरे बालों, सुस्पष्ट चेहरे-मोहरे, और धूसर आँखों के साथ आश्चर्यजनक रूप से आकर्षक था।

स्त्रियों-पुरुषों में वह समान रूप से लोकप्रिय था और धनार्जन के अतिरिक्त सभी उपलब्धियाँ उसके पास थीं। उत्तराधिकार में उसे अपने पिता से अश्वारोही सैनिकों द्वारा प्रयोग की जाने वाली तलवार तथा पन्द्रह खण्डों वाला "प्रायद्वीपीय युद्ध का इतिहास "प्राप्त हुआ था। ह्यूई तलवार को शीशे के ऊपर लटकाता था और किताबों को रफ़ की मार्गदर्शिका और 'बेली की पत्रिका' के बीच रखता था और एक वृद्धा आंटी द्वारा प्रदत्त दो सौ की राशि से जीवन-यापन करता था। हर काम में हाथ आज़माया था उसने। छः महीने के लिए वह 'स्टॉक एक्स्चेंज' भी गया था लेकिन साँड और भालुओं के बीच एक तितली की बिसात ही क्या थी ? कुछ अर्से के लिए वह चाय का व्यापारी भी रहा लेकिन शीघ्र ही 'पीको' और 'साउशोंग' से भी उक्ता गया। फिर उसने ड्राई शैरी बेचने का प्रयास किया। इससे भी बात नहीं बनी, शेरी कुछ ज़्यादा ही सूखी रही। अन्ततः वह नगण्य बन गया, एक आनन्दप्रद, निष्फल युवक जिसके पास सम्पूर्ण व्यक्तित्व तो था परन्तु व्यवसाय कोई नहीं।

और सबसे बुरी बात यह थी कि उसे प्रेम हो गया था। वह जिस लड़की से प्रेम करता था वह थी लॉरा मर्टन। लॉरा मर्टन बेटी थी एक सेवानिवृत कर्नल की जिसने अपनी मूल प्रवृत्ति और पाचन शक्ति को भारत में खो दिया था और पुनः प्राप्त नहीं कर पाया था।

लॉरा उसे पूजती थी और वह भी लॉरा के क़दम चूमने के लिए तत्पर रहता था। लंदन में उनसे अधिक सुन्दर जोड़ी नहीं थी। लेकिन उनके पास कौड़ी भी नहीं थी।

कर्नल को ह्यूई पसन्द तो बहुत था लेकिन वह दोनों की सगाई का नाम तक सुनने को तैयार नहीं था।

"मेरे बच्चे, मेरे पास तब आना जब तुम्हारे पास अपने दस हज़ार पाउण्ड हों, फिर सोचेंगे।" कर्नल कहता था और उन दिनों ह्यूई बहुत उदास हो जाता था और उसे सांत्वना के लिए लॉरा के पास जाना पड़ता था।

एक सुबह, हॉलैण्ड पार्क के रास्ते में जहाँ मर्टन परिवार रहता था, ह्यूई अपने घनिष्ट मित्र ऐलन ट्रेवर से मिलने के लिए रुक गया। ट्रेवर चित्रकार था। वास्तव में कम ही लोग आजकल चित्रकार बनने से बच पाते हैं लेकिन वह एक कलाकार भी था, और कलाकार तो अपेक्षतय: और भी दुर्लभ हैं। व्यक्तिगत रूप से वह रूखे स्वभाव, चकत्तेदार चेहरे और उलझी हुई बेतरतीब लाल दाढ़ी वाला आदमी था लेकिन कूची हाथ में आते ही उत्कृष्ट कलाकार हो जाता था और उसकी कलाकृतियों की भारी माँग थी। शुरू में वह भी ह्यूई के प्रति आकृष्ट हुआ था, स्वीकार करना चाहिए कि उसके व्यक्तिगत आकर्षण के कारण। " केवल वही लोग जिन्हें एक चित्रकार के द्वारा जाना जाना चाहिए," वह कहा करता था, " वे लोग होते हैं जो आकर्षक

और सुन्दर हों, वे लोग जिन्हें देखकर कलात्मक सुख मिले और जिनसे बात करके बौद्धिक विश्रान्ति प्राप्त हो। छैले बाँके पुरुष और प्यारी स्त्रियाँ विश्व पर राज करती हैं, कम-अज़-कम उन्हें ऐसा करना चाहिए।" बेशक, ह्यूई को बेहतर तरीके से जान लेने के बाद वह उसे उसके प्रफुल्ल जीवट और उसकी उदार, निश्चिन्त प्रवृत्ति के लिए चाहने लगा, यहाँ तक कि उसने ह्यूई को अपने स्टूडियो में प्रवेश की स्थाई अनुमति दे दी थी।

स्टूडियो में प्रवेश करते ही ह्यूई ने ऐलन को एक भिखारी की अद्भुत आदमक़द तस्वीर को अंतिम स्पर्श देते हुए देखा। स्टूडियो के एक कोने में भिखारी स्वयं एक ऊँचे चबूतरे पर खड़ा था। वह एक झुर्रीदार बूढ़ा था जिसका चेहरा चिंगुड़े हुए चर्मपत्र-सा था, जिस पर अत्याधिक दयनीय मनोभाव झलक रहा था। उसके काँधों पर एक मोटा फटा भूरा लबादा झूल रहा था, चिन्दी-चिन्दी और चीथड़े, उसके बूट पैबन्द और थिगलियाँ लगे हुए। एक हाथ के सहारे वह खुरदरी -सी छड़ी पर झुका हुआ था जबकि अपने दूसरे हाथ में वह अपना टूटा-फूटा हैट भिक्षापात्र की तरह थामे हुए था।

"कितना आश्चर्यजनक मॉडल है यह!" अपने मित्र के साथ हाथ मिलाते हुए ह्यूई बुदबुदाया। "आश्चर्यजनक मॉडल!" ट्रेवर ने अपनी भरपूर आवाज़ में चिल्ला कर

कहा। " मुझे यही सोचना चाहिए! ऐसे भिखारी रोज़ कहाँ मिलते हैं! " अप्रत्याशित लाभ, श्रीमान! जीवित वेलसक्वेज़! मेरे अहो भाग्य! रेम्ब्राँ कितना प्यारा चित्र उकेरता इसका!"

"बेचारा बूढ़ा!" ह्यूई ने कहा "कितना दयनीय दिखाई देता है! परन्तु मैं मानता हूँ कि तुम चित्रकारों के लिए तो उसका चेहरा ही उसका भाग्य है?"

"निश्चित रूप से।" ट्रेवर ने उत्तर दिया, " तुम नहीं चाहते कि एक भिखारी प्रसन्न दिखाई दे, ऐसा ही है न?"

"एक मॉडल को एक बैठक के लिए कितना मिलता है?" ह्यूई ने दीवान पर आरामदायक स्थान पर बैठते हुए पूछा।

'एक घन्टे के लिए एक शिलिंग।'

"और ऐलन, तुम्हें अपनी एक तस्वीर का कितना मिलता है?"

"ओह, इसके लिए मुझे दो हज़ार मिलते हैं!"

"पाउण्ड?"

"गिनीज़। चित्रकारों, कवियों और चिकित्सकों को सदा गिनीज़ मिलती हैं।"

"ठीक है, मुझे लगता है कि मॉडल को भी इसका कुछ प्रतिशत मिलना चाहिए।"

हँसते हुए ह्यूई नें ज़ोर से कहा"वे भी तो तुम्हारी तरह काफ़ी मेहनत करते हैं।"

"अनर्गल! अनर्गल! क्यों? सिर्फ़ रंगों में ही सने रहने और सारा दिन अपने चित्राधार पर खड़े रहने के कष्ट को तो देखो! ह्यूई, तुम्हारे लिए बातें करना आसान है, परन्तु मैं तुम्हें विश्वास दिलाता हूँ कि ऐसे क्षण भी आते हैं जब कला मानवीय श्रम की गरिमा को प्राप्त होती है। अब तुम बतियाना बन्द करो ; मैं बहुत व्यस्त हूँ। एक सिगरेट पियो और चुप रहो।'

थोड़ी देर बाद नौकर ने आकर ट्रेवर को बताया कि फ़्रेम बनाने वाला उससे बात करना चाहता है।

"ह्यूई, भाग मत जाना" बाहर जाते हुए उसने कहा, " मैं एक क्षण में लौटूँगा।"

ह्यूई की अनुपस्थिति का लाभ बूढ़े भिखारी ने अपने पीछे रखे हुए लकड़ी के बेंच पर आराम करने के लिए बैठते हुए उठाया। वह इतना असहाय और हतभागा दिखाई दे रहा था कि ह्यूई को उस पर दया आ गई।

और उसने अपनी जेबें पटोलीं। उसे अपनी जेबों में केवल एक स्वर्ण मुद्रा और कुछ ताम्बे के सिक्के मिले।

"बेचारा बूढ़ा," उसने मन ही मन सोचा " उसे इनकी ज़रूरत मुझसे ज़्यादा है लेकिन इसका मतलब है कि पन्द्रह दिन मुझे बिना घोड़ा गाड़ी के, पैदल चलना होगा।" स्टूडिओ पार करके वह गया और उसने भिखारी के हाथ में स्वर्ण मुद्रा सरका दी।

बूढ़ा चौंक उठा, और उसके मुर्झाए हुए होंठों पर एक फीकी-सी मुस्कुराहट दौड़ गई। "धन्यवाद," उसने कहा,"श्रीमान! धन्यवाद।"

तभी ट्रेवर लौट आया, ह्यूई ने उससे विदा ली, अपने किए पर ज़रा-सा लज्जाते हुए। उसने दिन लॉरा के साथ बिताया, अपनी फ़िजूलख़र्ची के लिए अच्छी- ख़ासी डाँट खाई, और उसे घर पैदल जाना पड़ा।

उस रात लगभग ग्यारह बजे वह टहलता हुआ पैलेट क्लब पहुँचा जहाँ 'धूम्रपान कक्ष' में उसे ट्रेवर अकेले बैठे हॉक और सेल्त्ज़र पीते हुए दिखाई दिया।

"हाँ, ऐलन,क्या तुमने तस्वीर पूरी कर ली?" अपना सिगरेट सुलगाते हुए उसने कहा।

"तस्वीर पूरी भी हो गई और फ्रेम भी हो गई, मेरे दोस्त।" ट्रेवर ने जवाब दिया: और, अरे हाँ, तुम्हें एक विजय प्राप्त हुई है। वह बूढ़ा मॉडल जो तुम्हें मिला था, तुम्हारे प्रति बहुत समर्पित है। मुझे उसे तुम्हारे बारे में सब कुछ बताना पड़ा -तुम कौन हो, कहाँ रहते हो, तुम्हारी आय क्या है, तुम्हारा भविष्य क्या है-----"

"मेरे प्रिय ऐलन,' ह्यूई चिल्लाया, "घर पहुँचते ही मुझे मेरा इन्तज़ार करते हुए मिलेगा वह। लेकिन बेशक तुम सिर्फ़ मज़ाक़ कर रहे हो। बेचारा हतभागा बूढ़ा! काश मैं उसके लिए कुछ कर पाता। मैं सोचता हूँ कि

किसी का इतना हतभागा होना तो बहुत भयानक है। मेरे पास ढेरों पुराने कपड़े पड़े हैं--- तुम्हें लगता है कि वह उनमें से कुछ लेना चाहेगा ? उसके चीथड़े कपड़े तो चिन्दी- चिन्दी हो रहे थे।"

"लेकिन वह उनमें भव्य दिखाई देता है," ट्रेवर ने कहा, "फ़्रॉक कोट में तो कभी भी उसकी तस्वीर मैं नहीं बनाने वाला था। जिन्हें तुम चीथड़े कहते हो, मेरे लिए रोमांस हैं, जो तुम्हें दरिद्रता दिखाई देती है, मेरे लिए नयनाभिराम स्थिति है। ख़ैर, मैं तुम्हारी पेशकश के बारे में उसे बता दूँगा।"

"ऐलन," ह्यूई ने कहा, "हृदयविहीन होते हो तुम चित्रकार।"

"कलाकार का दिमाग़ ही उसका दिल है", ट्रेवर ने उत्तर दिया और साथ ही साथ हमारा काम दुनिया को ठीक वैसा अनुभव करना है जैसी हम इसे देखते हैं। प्रत्येक व्यक्ति का अपना काम है। अब तुम मुझे बताओ लॉरा कैसी है? बूढ़ा मॉडल उसमें बहुत रुचि दिखा रहा था।"

"तुम्हारा आशय यह तो नहीं कि तुमने बूढ़े को लॉरा के बारे में भी बता दिया?" ह्यूई ने कहा।

"हाँ, मैंने बताया था। उसे उस निष्ठुर कर्नल, सुन्दर लॉरा और दस हज़ार पाउण्ड के बारे में सब कुछ पता है।"

"तुमने उस बूढ़े भिखारी को मेरे व्यक्तिगत जीवन के बारे में सब कुछ बता दिया?" क्रोध में लाल ह्यूई चिल्लाया।

"मेरे प्यारे बच्चे", मुस्कुराते हुए ट्रेवर बोला " वह जिसे तुम बूढ़ा भिखारी कह रहे हो यूरोप का सबसे अमीर व्यक्ति है। वह कल ही पूरा लंदन अपने खाते से ज़्यादा धन निकाले बिना खरीद सकता है। प्रत्येक राजधानी में उसका घर है, वह सोने के बर्तनों में खाता है और जब चाहे रूस को युद्ध से रोक सकता है।"

"क्या कह रहे हो तुम!" ह्यूई ने स्तब्ध होते हुए पूछा।

"मैं क्या कह सकता हूँ,"ट्रेवर बोला,"स्टूडियो में आज तुम जिस बूढ़े से मिले थे वह बैरन हॉस्बर्ग था। वह मेरा मित्र है, मेरी सब तस्वीरें और तस्वीरों जैसा सब कुछ ख़रीद लेता है। उसने मुझे एक महीना पहले उसे भिखारी-सा चित्रित करने का काम सौंपा था। तुम क्या सोच रहे हो ?तुम्हें लगता है कि मैं तुम्हें एक करोड़पति के बारे में मनगढ़न्त बात बता रहा हूँ ? मैं अवश्य कहना चाहूँगा, वह अपने चीथड़े कपड़ों में बहुत भव्य लग रहा था,या शायद मुझे कहना चाहिए, मेरे चीथड़े कपड़ों में : वह एक पुराना सूट है, मुझे स्पेन में मिला था।"

“बैरन हॉस्बर्ग!” ह्यूई चिल्लाया,“ हे भगवान! मैंने तो उसे एक स्वर्ण मुद्रा दे दी!” कहते हुए, वह निराशा की तस्वीर बना कुर्सी में धँस गया। “उसे एक स्वर्ण मुद्रा दे दी!” ट्रेवर चिल्लाया, और ज़ोर से हँस पड़ा। मेरे बच्चे ऐसा फिर कभी नहीं होगा। उसका व्यसाय तो सदा अन्य लोगों से धन बनाना है।”

“मुझे लगता है तुम्हें मुझे बता देना चाहिए था, ऐलन,” ह्यूई ने नाराज़गी जताते हुए कहा,“ और मुझे इस तरह मूर्ख बनने से रोक लेना चाहिए था।”

“अच्छा, ह्यूई, सबसे पहले तो,” ट्रेवर ने कहा, “मैं यह सोच भी नहीं सकता कि इस तरह बिना सोचे-विचारे इस तरह भीख बाँट सकते हो। तुम एक सुन्दर मॉडल को चूमो, यह तो मैं समझ सकता हूँ परन्तु एक बदसूरत को स्वर्ण-मुद्रा दे दो--- क़सम से, बिल्कुल नहीं! इसके अतिरिक्त मैं आज अपने घर में किसी के लिए भी उपलब्ध नहीं था; और जब तुम आए तो मुझे नहीं पता था कि हॉस्बर्ग अपने नाम का ज़िक्र किया जाना पसन्द भी करेगा। तुम जानते हो वह पूरे वस्त्रों में भी नहीं था।”

ह्यूई ने कहा,” वह मुझे कितना बेवकूफ़ समझ रहा होगा।”

"बिल्कुल नहीं। तुम्हारे जाने के बाद वह अत्याधिक उत्साहित लग रहा था; बहुत देर तक मन्द-मन्द मुस्कुराता रहा और अपने झुर्रीदार हाथों को रगड़ता रहा। मुझे समझ नहीं आ रहा था कि क्यों वह तुम्हारे बारे में सब कुछ जान लेने को उत्सुक था, परन्तु अब मैं सब समझ गया हूँ। वह तुम्हारी स्वर्ण मुद्रा को तुम्हारे लिए निवेश करेगा, ह्यूई, हर छ: महीने बाद तुम्हें ब्याज देगा और उसके पास होगा पूंजी का एक और क़िस्सा, रात्रिभोज के बाद सुनाने के लिए।"

"मैं एक अभागा शैतान हूँ," ह्यूई गुर्राया "बेहतरीन बात तो यह होगी कि मैं जाकर सो जाऊँ, और मेरे प्यारे ऐलन, तुम किसी को बताना मत। अब मैं किसी को अपना मुँह दिखाने के क़ाबिल तो रहा नहीं।"

"अनर्गल! इससे तो तुम्हारी दानवीरता की भावना बहुत अच्छी झलकती है, ह्यूई। भागो मत। एक और सिगरेट पियो, लॉरा के बारे में दिल खोल कर बातें करो।"

लेकिन ह्यूई कहाँ रुकने वाला था, वह बहुत अप्रसन्न होकर घर चला गया ऐलन को ठहाकों के दौरे में छोड़ कर।

अगली सुबह, जब वह नाश्ता कर रहा था, नौकर एक कार्ड ले कर आया जिस पर लिखा था, "श्री मान बैरन हॉसबर्ग की ओर से श्रीमान गज़्टेव नौडिन।" "लगता है मुझसे क्षमा मँगवाने के लिए आया होगा," ह्यूई ने अपने-आप से कहा और उसने नौकर से आगन्तुक को ऊपर लाने के लिए कहा।

सोने का चश्मा पहने हुए चाँदी बालों वाले एक बूढ़े भद्रपुरुष ने कमरे में प्रवेश किया और हल्के -से फ़्रँसिसी लहज़े में कहा,"क्या मैं श्रीमान अर्स्किन से बात करने का गौरव प्राप्त कर रहा हूँ?" ह्यूई ने सर झुका लिया।

"मुझे बैरन हॉस्बर्ग ने भेजा है," वह कहता रहा, " बैरन...." "श्रीमान! मेरी प्रार्थना है कि आप उन तक मेरी हार्दिक क्षमायाचना पहुँचा दें," ह्यूई ने हकलाते हुए कहा।

"बैरन ने" बूढ़े भद्रपुरुष ने मुस्कुराते हुए कहा, " मुझे आपको यह पत्र देने का काम सौंपा है," और उसने एक मुहरबन्द लिफ़ाफ़ा ह्यूई की ओर बढ़ा दिया।

लिफ़ाफ़े के बाहर लिखा था " एक बूढ़े भिखारी की ओर से ह्यूई अर्स्किन और लॉरा मर्टन को विवाह के लिए उपहार। और भीतर था दस हज़ार पाउण्ड का चेक।

जब वे प्रणयसूत्र में बँधे, ऐलन ट्रेवर बेस्ट-मैन बना। और बैरन हॉस्बर्ग ने शादी के नाश्ते के अवसर पर भाषण दिया।

"करोड़पति मॉडल्ज़," ऐलन ने कहा," काफ़ी दुर्लभ होते हैं, लेकिन क़सम से, दुर्लभतम होते हैं, आदर्श करोड़पति "

बुलबुल और गुलाब

"उसने कहा, वह मेरे साथ नाचेगी, अगर मैं उसे लाल गुलाब ला दूँ तो," युवा-छात्र ने रोते हुए कहा; "लेकिन मेरे सारे उपवन में लाल गुलाब कहीं है ही नहीं।"

शाहबलूत वृक्ष की टहनियों में घोंसले में बैठी बुलबुल ने उसे रोते हुए सुना, पत्तों की ओट से झाँक कर देखा और हैरान हो गई।

"कोई लाल गुलाब नहीं मेरे सारे उपवन में!" वह चिल्लाया और उसकी सुन्दर आँखों में आँसू उमड़ आए। "आह, कितनी छोटी-छोटी बातों पर निर्भर होती है ख़ुशी! मैंने पढ़ा है जो भी बुद्धिमानों ने लिखा है, दर्शन-शास्त्र के सब रहस्य भी मैं जानता हूँ, फिर भी एक लाल गुलाब की कमी ने मेरा जीना दूभर कर दिया है!"

"अन्तत: यह रहा असली प्रेमी! बुलबुल ने कहा। "न जाने कितनी ही रातों से मैंने इसी के बारे में गाया है, भले ही मैं इसे नहीं जानती; कितनी ही रातें गा-गा कर मैंने इसकी कहानी तारों को सुनाई है, और अब यह मेरे सामने है! इसके बाल सम्बूल की मंजरियों की तरह काले हैं और इसके होंठ इसकी चाहत के गुलाब-से लाल हैं लेकिन हसरतों ने इसके चेहरे को हाथी-दाँत-सा पीला कर दिया है। दु:ख ने इसके माथे पर अपनी मुहर लगा दी है।"

"राजकुमार कल नृत्य-उत्सव कर रहा है।" युवा प्रेमी बुदबुदाया, "और मेरी प्रेयसी भी वहीं होगी। अगर मैं उसे लाल गुलाब ला दूँ तो वह सुबह तक मेरे साथ नाचेगी। अगर मैं उसे लाल गुलाब ला दूँ तो मैं उसे अपनी बाहों में भर सकूँगा और उसका हाथ मेरे हाथ में कैसा होगा लेकिन मेरे उद्यान में कोई लाल गुलाब नहीं है, इसलिए मैं अकेला बैठा रहूँगा और वह मेरे पास से गुज़र जाएगी, मुझे देखे बिना और मेरा दिल टूट जाएगा।"

"यह वास्तव में ही प्रेमी सच्चा प्रेमी है!" बुलबुल ने कहा। जिसके बारे में मैं गाती हूँ उसे व्यथित करता है; मेरे लिए जो आनन्द है, उसके लिए व्यथा है। प्रेम सचमुच अद्भुत वस्तु है! यह माणिकों से अधिक मँहगा और विमल दूधिया रत्नों से ज़्यादा कीमती होता है।

मोतियों और दाड़िमों से इसे खरीदा नहीं जा सकता; न यह दुकानों में बिकता है ; न ही इसे दुकानदारों से इसे ख़रीदा जा सकता है और न ही यह सोने के तराज़ू पर तुलता है।"

"संगीतकार अपनी दीर्घा में बैठेंगे", युवा छात्र बोला, "और अपने सुरीले साज़ बजाएँगे और मेरी प्रेयसी वीणा और वायलिन की धुन पर नाचेगी। वह इतना बढ़िया नाचेगी कि उसके पाँव ज़मीन को छूएँगे भी नहीं। चटक वस्त्र पहने दरबारियों का हजूम उसके इर्द-गिर्द होगा, लेकिन वह मेरे साथ नहीं नाचेगी, क्योंकि मेरे पास लाल गुलाब उसे देने को नहीं है;"उसने ख़ुद को घास पर पटक लिया, अपना मुँह अपनी हथेलियों में छिपा लिया और रोने लगा।

"यह रो क्यों रहा है? "एक नन्ही हरी छिपकली ने पूछा और उसके पास से होती हुई दुम उठाए गुज़र गई।

"आख़िर क्यों?" धूप की किरण पर हवा में तैरती तितली ने कहा।

"आख़िर क्यों रो रहा है यह?" नन्हें गुलबहार फूल ने फुसफुसाकर अपने पड़ोसी के कान में कहा।

"वह लाल गुलाब के लिए रो रहा है," बुलबुल ने कहा।

"लाल गुलाब के लिए?" वे सब चिल्लाए, "कितना बड़ा मज़ाक है यह!" और हरी छिपकली जो ज़रा दोषदर्शी थी, ज़ोर से हँस दी।

लेकिन बुलबुल जानती थी छात्र के दुःख का रहस्य, वह शाहबलूत वृक्ष पर चुपचाप बैठी प्रेम के रहस्य के बारे में सोच रही थी।

अचानक उसने उड़ान के लिए अपने पर खोले, और ऊँचे आकाश में उड़ने लगी। साये की तरह वह उपवन में से उड़ी और साये की ही तरह उसने उपवन पार भी कर लिया।

घास वाले प्लाट के ठीक बीच में बहुत सुन्दर गुलाब का पौधा था, पौधे को देख बुलबुल उसकी एक टहनी पर बैठ गई।

"मुझे एक लाल गुलाब दे दो, "वह चिल्लाई," और बदले में मैं तुम्हारे लिए अपना सबसे मधुर गीत गाऊँगी।"

लेकिन पौधे ने 'इन्कार' में अपना सिर हिला दिया।

"मेरे गुलाब सफ़ेद हैं, "उसने कहा, "समुद्र के फेन की तरह, पहाड़ों पर जमी बर्फ़ से भी सफ़ेद। लेकिन तुम मेरे भाई के पास जाओ जो धूप-घड़ी के पास उगा है।"

बुलबुल धूप-घड़ी के पास उगे गुलाब के पौधे के पास गई।

"मुझे एक लाल गुलाब दे दो, "उसने पुकार लगाई, "और बदले में मैं तुम्हारे लिए अपना सबसे मधुर गीत गाऊँगी।"

"मेरे गुलाब पीले हैं" उत्तर मिला, "तृणमणि सिंहासन पर बैठी जलपरी के बालों जैसे पीले; घास काटे जाने से पहले वाली चरागाह में खिले नरगिस के फूलों से भी ज़्यादा पीले। लेकिन तुम छात्र की खिड़की के नीचे उगे मेरे भाई के पास जाओ जो शायद तुम्हारी इच्छा पूरी कर दे।"

बुलबुल छात्र की खिड़की के नीचे उगे गुलाब के पौधे के पास गई।

"मुझे एक लाल गुलाब दे दो," उसने पुकार लगाई, "और बदले में मैं तुम्हारे लिए अपना सबसे मधुर गीत गाऊँगी।"

लेकिन उस पौधे ने भी इन्कार में अपना सिर हिला दिया।"

"मेरे गुलाब लाल हैं," उसने कहा "फ़ाख़्ता के पंजों की तरह लाल और समुद्री कन्दराओं में झूल रहे प्रवाल-पंखों से भी ज़्यादा लाल। लेकिन सर्दी ने मेरी शिराओं को जमा दिया है, कोहरे ने मेरी पंखुड़ियाँ दबा ली हैं और तूफ़ान ने मेरी टहनियाँ तोड़ दी हैं, और अब सारा साल मुझ पर गुलाब नहीं खिलेंगे।"

"लेकिन मुझे तो बस एक लाल गुलाब चाहिए।" बुलबुल चिल्लाई, "बस एक लाल गुलाब, क्या कोई उपाय नहीं कि मुझे एक लाल गुलाब मिल सके?"

"उपाय है, लेकिन इतना भयानक कि तुम्हें बताने का साहस मुझमें नहीं है।"

"अगर तुम्हें गुलाब चाहिए", पौधे ने कहा, "तो तुम्हें इसे चांदनी रात में संगीत से रचना होगा और अपने हृदय के रक्त से इसे सींचना होगा। अपना सीना मेरे काँटों से सटा कर तुम्हें गाना होगा। रातभर तुम्हें मेरे लिए गाना होगा, काँटे को तुम्हारे दिल में धँस जाना होगा, तुम्हारे रक्त को मेरी धमनियों बह कर मेरा हो जाना होगा।"

"लाल गुलाब के लिए मृत्यु एक बड़ा सौदा है, "बुलबुल ने कहा" और जीवन सबको प्रिय है। हरे जंगल में बैठ कर सूर्य को उसके स्वर्णिम रथ में और चाँदनी को उसके मोतियों के रथ में देखना मोहक है। सम्बूल की सुगंधि मधुर है, मधुर हैं घाटी में छिपे ब्लू-बेल्ज़ और पहाड़ों में बहने वाली समीर, परन्तु जीवन से बेहतर है प्रेम, और फिर मनुष्य के दिल की तुलना में एक पंछी का दिल है भी क्या ?"

उसने अपने भूरे पंख उड़ान के लिए फैलाये और हवा में उड़ गई। साये की तरह वह उपवन के ऊपर से उड़ी और साये की ही तरह उसने उपवन पार भी कर लिया।

युवा छात्र अभी भी घास पर ही लेटा हुआ था, जहाँ बुलबुल उसे छोड़कर गई थी, आँसू उसकी ख़ूबसूरत आँखों से अभी सूखे नहीं थे।

"ख़ुश हो जाओ, "बुलबुल ने कहा," ख़ुश हो जाओ; तुम्हें मिल जाएगा तुम्हारा लाल गुलाब।" मैं उसे चांदनी रात में संगीत से रचूँगी और अपने हृदय के रक्त से सींचूंगी। बदले में बस तुम इसी तरह सच्चे प्रेमी बने रहना क्योंकि प्रेम दर्शनशास्त्र से अधिक समझदार है; शक्ति से भी अधिक शक्तिशाली है, भले ही शक्ति भी शक्तिशाली है, तृणमणि के रंग के हैं उसके पंख और शरीर भी उसका तृणमणि के ही रंग का है। मधु से मधुर हैं उसके होंठ और उसकी साँसें हैं गुग्गल धूप की ख़ुश्बू जैसी।"

छात्र ने घास से ऊपर सर उठाकर देखा, सुना भी, लेकिन समझ नहीं पाया बुलबुल उससे क्या कह रही थी क्योंकि वह तो सिर्फ़ किताबों में लिखी बातें ही समझ पाता था।

लेकिन शाहबलूत पेड़ समझ गया, उदास हुआ क्योंकि वह नन्ही बुलबुल का बहुत बड़ा प्रशंसक था, बुलबुल ने अपना घोंसला भी उसी की टहनियों में बनाया हुआ था।

"मेरे लिए एक अंतिम गीत गा दो", उसने फुसफुसा कर कहा ; "तुम्हारे चले जाने के बाद मैं अकेला हो जाऊँगा"

तब बुलबुल ने शाहबलूत के लिए गाया उसकी आवाज़ ऐसी थी मानो चाँदी के मर्तबान में पानी बुदबुदा रहा हो।"

बुलबुल गा चुकी तो छात्र उठा और उसने अपनी जेब से पेंसिल और नोट-बुक निकाली। "इसके पास रूप-विधान तो है, इस बात से इन्कार नहीं किया जा सकता लेकिन क्या इसके पास संवेदना भी होगी? मुझे डर है, शायद नहीं होगी। वास्तव में वह भी अधिकांश कलाकारों की ही तरह है। उसके पास केवल शैली है, लेकिन हार्दिकता रहित। वह दूसरों के लिए बलिदान नहीं देगी।

वह केवल संगीत के बारे में सोच सकती है और सब जानते है कि कलाएँ स्वार्थी होती हैं। फिर भी, यह स्वीकार करना होगा कि कि उसकी आवाज़ में मधुर स्वर हैं। लेकिन दु:ख की बात तो यह है कि ये मधुर स्वर निरर्थक हैं। इनका कोई व्यवहारिक लाभ नहीं है।"

और वह अपने कमरे में जाकर बिस्तर में लेट गया और अपनी प्रेयसी को याद करने लगा, काफ़ी देर बाद वह सो गया।

और जब चाँद आकाश में चमक उठा, बुलबुल उड़ कर गुलाब के पौधे पर जा बैठी और उसने काँटे से अपना वक्ष सटा दिया। सारी रात वह काँटे से अपना वक्ष सटाए गाती रही, ठण्डा बिल्लौरी चाँद नीचे झुक आया और उसे गाते हुए सुनता रहा। सारी रात वह गाती रही और काँटा उसके सीने में गहरे से गहरा धँसता गया और उसका जीवन-रक्त उससे दूर बह चला।

उसने गाया, सबसे पहले लड़की और लड़के के दिल में प्रेम उपजने के बारे में। उसने गाया गाने पर गाना और गुलाब के पौधे की सबसे ऊँची टहनी पर पंखुड़ी-पंखुड़ी कर एक सुन्दर गुलाब खिलने लगा। पहले तो यह हल्का पीला-सा था, नदी पर छाई धुन्ध की तरह, हल्का पीला-सा, सुबह की धूप के पैरों की तरह; चाँदी-सा, उषा के पंखों-सा। चाँदी के दर्पण में गुलाब की प्रतिछाया -सा; पानी के तालाब में गुलाब की परछाई -सा; कुछ ऐसा ही था वह गुलाब जो पौधे की सबसे ऊँची टहनी पर खिला था।

परन्तु पौधे ने चिल्ला कर बुलबुल से कहा कि वह अपने वक्ष में काँटे को ज़ोर से भींच ले। "ज़ोर से भींचो, नन्ही बुलबुल! और भी ज़ोर से, इससे पहले कि गुलाब पूरा होने से पहले दिन हो जाये।"

बुलबुल ने काँटे को और भी ज़ोर से भींच लिया, उसके गाने की आवाज़ ऊँची से ऊँची होने लगी,

क्योंकि वह पुरुष और स्त्री की आत्मा में चाहत के जन्म लेने के बारे में गा रही थी।

और गुलाब की पत्तियों में हल्की-सी गुलाबी रंगत आ गई। गुलाबी रंगत जो दुल्हन के होंठ चूमते हुए दूल्हे के चेहरे पर आती है। परन्तु काँटा अभी बुलबुल के सीने में धँसा नहीं था इसलिए गुलाब का हृदय अभी श्वेत ही था। क्योंकि केवल बुलबुल के हृदय का रक्त ही गुलाब के हृदय को गहरा रक्तिम लाल कर सकता है।

और पौधे ने चिल्ला कर बुलबुल से कहा कि वह अपने वक्ष में काँटे को ज़ोर से भींच ले। "ज़ोर से भींचो, नन्ही बुलबुल! और भी ज़ोर से, इससे पहले कि गुलाब पूरा लाल होने से पहले दिन ढल जाये।"

इसलिए बुलबुल ने काँटे को पूरे ज़ोर से भींच लिया, और काँटे ने उसके हृदय को छलनी कर दिया। बुलबुल की दर्दभरी एक तेज़ चीख़ निकली। असहनीय थी उसकी पीड़ा। प्रचण्ड हो गया उसका गायन, क्योंकि वह मृत्यु से सम्पूर्ण होने वाले प्रेम के बारे में गा रही थी, उस प्रेम के बारे में जो कब्र में जाकर भी जीवित रहता है। और वह अद्भुत गुलाब रक्तिम हो गया पूर्वी आकाश-सा। रक्तिम था गुलाब की पंखुड़ियों का रंग और माणिक-सा गहरा लाल था उसका हृदय।

लेकिन बुलबुल की आवाज़ हल्की पड़ गई, फड़फड़ा उठे उसके नन्हें पंख, और उसकी आँखों में एक पर्त्त-सी आ गई। मद्धिम होता गया उसका गायन, अवरुद्ध होने लगा उसका कण्ठ।

और फिर उसने अपने संगीत की अंतिम स्वर-लहरी बिखेर दी। चाँद इसे सुनकर उषा को भूल गया और आकाश में जमा रहा। लाल गुलाब ने इसे सुना, आनन्दातिरेक में काँप उठा और अपनी पंखुड़ियाँ सुबह की ठण्डी हवा के लिए खोल दीं। गूँज ने इसे पहाड़ों की अपनी बैंगनी कन्दरा तक ले जाकर सोए हुए गडरियों को उनके सपनों से जगा दिया। नदी के सरकंडों से होती हुई गूँज उसका संदेश समुद्र तक ले गई।

'देखो, देखो!' पौधे ने कहा, "गुलाब अब सम्पूर्ण हो चुका है, "परन्तु बुलबुल ने कोई उत्तर नहीं दिया क्योंकि वह लम्बी घास में मृत पड़ी थी। उसके दिल में काँटा चुभा हुआ था।

और दोपहर को छात्र ने अपनी खिड़की खोलकर बाहर देखा।

"कितना भाग्यशाली हूँ मैं!" वह चिल्लाया, "यह रहा गुलाब! अपने जीवन में मैंने तो इतना सुन्दर गुलाब नहीं देखा। यह इतना सुन्दर है कि अवश्य इसका कोई लम्बा -सा लातीनी नाम होगा," और उसने झुककर गुलाब तोड़ लिया।

हैट पहने, लाल गुलाब हाथों में लिए, वह प्रोफ़ेसर के घर की ओर भागा। प्रोफ़ेसर की बेटी, रील पर नीला रेशमी धागा लपेटते हुए, दरवाज़े में बैठी थी, और उसका छोटा-सा कुत्ता उसके पास बैठा था।

"तुमने कहा था तुम मेरे साथ नाचोगी अगर मैं तुम्हें लाल गुलाब ला दूँ तो, "छात्र चिल्लाया," यह रहा विश्व का सबसे अधिक लाल गुलाब। तुम इसे अपने दिल के बिल्कुल पास सजाओगी और जब हम नाचेंगे तब मैं तुम्हें बताऊँगा कि मैं तुम्हें कितना प्यार करता हूँ।" लेकिन लड़की ने भृकुटी तान ली।

"लेकिन यह तो मेरी पोशाक से मेल ही नहीं खाता और, प्रबन्धक के भतीजे ने मेरे लिए कुछ असली मणियाँ भिजवाई हैं, और सब जानते हैं कि मणियाँ फूलों से ज़्यादा कीमती होती हैं।"

"मैं कसम खा कर कहता हूँ कि तुम बहुत कृतघ्न हो, "छात्र ने नाराज़ होकर कहा, और फूल को गली में फेंक दिया जहाँ से वह गन्दे नाले में गिर गया और एक ठेले के पहिए ने उसे कुचल दिया।

"कृतघ्न!" लड़की ने कहा, "तुम कितने अशिष्ट हो और फिर, तुम हो भी कौन? बस एक छात्र! मुझे क्यों तुम पर विश्वास नहीं है? भले ही तुम्हारे जूतों में चाँदी के बकल्ज़ हैं, लेकिन वे तो प्रबन्धक के भतीजे के जूतों में भी हैं।"और वह अपनी कुर्सी से उठकर घर के भीतर चली गई।

"प्रेम भी कितनी हास्यास्पद चीज़ है!" छात्र ने कहा और वहाँ से चल दिया। यह तो तर्क-शास्त्र की तुलना में आधा भी लाभदायक नहीं क्योंकि इससे कुछ भी सिद्ध नहीं होता, और यह सदा हमें उन चीज़ों के बारे में बताता है जो कभी वास्तव में घटती ही नहीं, और हमें उन चीज़ों पर विश्वास करने को बाध्य करता है जो सत्य नहीं होतीं। वास्तव में प्रेम अव्यावहारिक है, और आज के युग में व्यावहारिक होना ही सब कुछ है, मैं फिर दर्शनशास्त्र और तत्व-मीमांसा का अध्ययन ही करूँगा।"

अपने कमरे में लौट कर उसने एक बड़ी-सी धूल-सनी किताब निकाली और पढ़ने लगा।

युवा नरेश

यह रात उसके राज्याभिषेक के लिए निर्धारित रात से पहले की एक रात थी और युवा नरेश अपने सुन्दर कक्ष में अकेला बैठा हुआ था। सब दरबारी उन दिनों प्रचलित औपचारिक व्यवहार का निर्वाह करते हुए उसके समक्ष धरती पर सर झुकाते हुए, उसकी अनुमति प्राप्त कर, राजमहल के महा- कक्ष में, शिष्टाचार के प्राध्यापक से कुछ अंतिम पाठ सीखने के लिए जा चुके थे; जहाँ कुछ ऐसे दरबारी भी थे जिनका शिष्टाचार अभी भी बहुत सहज था, जो कि एक दरबारी के लिए, मुझे कहने की आवश्यकता ही नहीं हैं, एक बहुत गंभीर अपराध है।

किशोर- क्योंकि वह अभी किशोर ही था - क्योंकि वह अभी केवल सोलह वर्ष का ही था- उनके चले जाने पर दुःखी नहीं था, और वह आराम की गहरी

निःश्वास छोड़ते हुए कढ़ाईदार गद्दे के नर्म कोमल सिरहानों पर पसर गया था और वहाँ व्यग्र आँखें किए हुए और मुँह बाये किसी भूरे वनदेव, या शिकारियों द्वारा बिछाए गए जाल में ताज़ा फाँसे हुए किसी तरुण जंगली शावक -सा लेटा हुआ था।

और वास्तव में शिकारी ही उसे ढूँढ कर लाये हुए थे, जिन्हें वह लगभग संयोगवश मिला था, नंगा और हाथ में बाँसुरी लिए हुए, वह एक ग़रीब गडरिए (जिसने उसे पाला-पोसा था, और जिसे वह सदा अपना पिता ही समझता था) के रेवड़ के पीछे चल रहा था। यह किशोर, बूढ़े राजा की इकलौती बेटी के एक अजनबी के साथ गंधर्व विवाह से जन्मा बेटा था (अजनबी राजकुमारी से कहीं बहुत नीचे की हैसियत का था, और जिसने, कुछ लोग कहा करते थे, अपने बाँसुरी वादन के अद्भुत जादू से युवा राजकुमारी को अपने मोह-पाश में बाँध लिया था जबकि कुछ लोग रिमिनि के कलाकार का नाम भी लेते थे जिसे राजकुमारी कुछ अधिक ही सम्मान देती थी, और जो गिरजे में अपने कार्य को अधूरा छोड़कर, अचानक शहर से लुप्त हो गया था) जिसे एक सप्ताह से भी कुछ कम आयु में, उसकी सोई हुई माँ के बिस्तर से चुरा कर, शहर से एक दिन की दूरी पर स्थित जंगल के दूरस्थ भाग में रहने वाले एक निःसंतान साधारण किसान दम्पति

को सौंप दिया गया था। दु:ख, अथवा प्लेग, जैसा कि दरबारी वैद्य ने कहा था, अथवा, जैसा कि कुछ लोगों ने बताया था। मसालेदार शराब के जाम में मिलाकर दिए गए तीखे इटेलियन विष ने उस लड़की को होश में आने के एक घण्टे के भीतर ही मौत की नींद सुला दिया था, और जब नवजात को अपने घोड़े की काठी के आगे डाले हुए एक विश्वस्त सन्देशवाहक, थके-मान्दे घोड़े की पीठ से झुकते हुए, गडरिए की झोंपड़ी के अक्खड़ दरवाज़े को खटखटा रहा था, राजकुमारी का शव शहर से दूर परित्यक्त गिरजे में खोदी गई एक खुली क़ब्र में डाला जा रहा था जहाँ, लोग कहते थे कि अद्भुत और अद्वितीय सुन्दरता से सम्पन्न एक युवक का शव भी पड़ा था, जिसके हाथ गाँठदार रस्सी से पीछे की ओर बँधे हुए थे और जिसकी छाती पर घोंपे हुए छुरों के बहुत-से लाल घाव थे।

कहानी तो, कम-अज़-कम, ऐसी ही थी, जिसे लोग एक-दूसरे से फुसफुसा कर कहा करते थे। यह निश्चित ही था कि मृत्यु शैया पर लेटे हुए बूढ़े राजा ने या तो अपने महापाप के प्रायश्चित से, अथवा केवल इस इच्छा से वशीभूत हो कर कि उसका राज्य उसके वंशजों से किसी और के हाथ न चला जाए, किशोर को बुलवा लिया था, और, परिषद की उपस्थिति में, उसे अपना उत्तराधिकारी स्वीकार कर लिया था।

और ऐसा प्रतीत होता है कि अपने पहचाने जाने के पहले क्षण से ही उसने सुन्दरता के प्रति अनुराग के वे संकेत दर्शा दिए थे, जो उसके भावी जीवन को इतना अधिक प्रभावित करने वाले थे। उसकी सेवा के लिए स्थापित कक्षों में उसके लिए तैयार किए हुए नर्म कपड़ों और कीमती आभूषणों को देखकर उसके होंठों से फूटने वाली आनन्दातिरेक की उसकी चीख़, और खुरदरे चर्म के कुरते और बकरी के चमड़े के खुरदरे लबादे को उतार फेंकते हुए उसके लगभग पागल हर्षोन्माद के बारे में उसके परिचारक प्राय: बात करते थे। साथ ही साथ उसे अपने जंगली जीवन की स्वतन्त्रता की भी वास्तव में बहुत याद आती थी। और उसके लिए स्वाभाविक ही था उसका दरबार की क्लिष्ट औपचारिकताओं पर झुँझलाना जो प्रतिदिन उसे अधिकांश समय के लिए व्यस्त रखती थीं परन्तु उसका अद्भुत महल -आनन्द-महल, जैसा कि लोग कहा करते थे-जिसका स्वामी उसने अब स्वयं को पाया था, उसे अपने आनन्द के लिए ताज़ा बने हुए नये संसार-सा प्रतीत होता था : और जैसे ही वह स्वयं को परिषद समिति अथवा दर्शन कक्ष से बचा पाता, सुनहले कांसे के शेरों से सजे हुए बड़े ज़ीने के चमकदार नील-लोहित काँच की सीढ़ियाँ उतर, सौन्दर्य में दर्द की, और एक तरह से बीमारी से उबरने की, दवा ढूँढ रहे व्यक्ति की तरह कक्ष -कक्ष और गलियारा-गलियारा भटकता था।

इन खोजी-यात्राओं, (जैसा कि वह इन्हें कहा करता था-और, वास्तव में, ये यात्राएँ उसके लिए अद्भुत जगहों से होकर गुज़रने वाली समुद्री यात्राओं की तरह थीं) में कभी-कभी दुबले-पतले, सुन्दर बालों वाले, झूलते हुए चोग़े और भड़कीले फड़फड़ाते हुए रिबन पहने हुए दरबारी परिचर उसके साथ होते थे, परन्तु प्राय: वह अकेला ही होता था, एक निश्चित तीव्र नैसर्गिक प्रवृति (जो लगभग एक शकुन विद्या या भविष्यवाणी ही थी) से अनुभव करते हुए कि कला के रहस्यों को एकान्त में ही बेहतर सीखा जा सकता है और यह कि बुद्दिमता की तरह सुन्दरता भी, एकाकी साधक से ही प्रेम करती है।

इस काल में उससे कितनी ही विचित्र कहानियाँ जोड़ दी गई थीं। कहा जाता था कि एक हृष्ट-पुष्ट नगरपति - जो नागरिकों की ओर से आलंकारिक भाषण देने आया था - ने वेनिस से हाल ही में लाई गई महान कलाकृति के समक्ष सच्ची प्रशंसा में झुकते हुए उसका ध्यान अपनी ओर आकर्षित कर लिया था, और इससे कुछ नए देवताओं की पूजा की घोषणा की प्रतीति हुई थी। एक और अवसर पर कई घण्टे उसकी कमी खली थी, और एक लम्बी तलाश के बाद उसे, महल के एक छोटे से कक्ष में एक उत्तरी कँगूरे में यूनानी मणि पर उकेरी हुई एडोनिस (सुन्दरता और

कामना के अत्यन्त सुन्दर यूनानी देवता) की आकृति को, भाव-समाधिस्थ व्यक्ति की तरह टकटकी बाँधे निहारते हुए देखा गया था। कहानी तो यही प्रचलित थी कि प्राचीन प्रतिमा (जो पत्थर का पुल बनाने के अवसर पर नदी की सतह से मिली थी और जिस पर हैड्रियन के बिथिनियाई दास का नाम उकेरा हुआ था) के संगमरमरी माथे पर अपने गर्म होंठ गड़ाते हुए भी उसे देखा गया था। उसने एक रात एंडिमियन (यूनानी पौराणिक कथाओं में वर्णित एक अत्यन्त सुन्दर युवक जिससे चाँद की देवी 'सेलीन' रोज़ रात को मिलने आती थी) की चांदी की प्रतिमा पर चाँदनी के प्रभाव को निहारते हुए भी बिताई थी।

सभी दुर्लभ और अमूल्य वस्तुएँ निश्चित रूप से उसे अत्याधिक आकर्षित करती थीं, और उन्हें मँगाने की उत्सुकता में वह कई व्यापारियों को दूरस्थ स्थानों को भेजता था, कुछ व्यापारियों को वह उत्तरी समुद्रों के अशिष्ट मछुआरों के साथ तृणमणि के अवैध व्यापार के लिए भेजता था, कुछ व्यापारियों को वह मिस्र भेजता था, उस विचित्र हरे फ़ीरोज़े के लिए जो केवल राजाओं की क़ब्रों में ही उपलब्ध होता है और जिसमें, कहा जाता है कि जादुई गुण भी होते हैं, रेशमी कालीनों और रंग-रोग़न किए हुए बर्तनों के लिए कुछ व्यापारियों को फ़ारस भेजता था, और बाक़ी व्यापारियों को जाली, रंगीन हाथी दाँत, चन्द्रशिलाओं,

संगयशब के कंगनों, सन्दल की लकड़ी, नीली तामचीनी और ऊनी शालों के लिए भारत भेजता था।

परन्तु इस समय उसका सर्वाधिक ध्यान उसके अपने राज्याभिषेक के अवसर के पहरावे, सोने के जालीदार वस्त्र, और माणिक्य-जटित मुकुट, और मोतियों की रेखाओं और छल्लों से सुसज्जित राजदण्ड पर था। वास्तव में आज रात वह अपने राजसी गद्दे पर लेटे हुए, खुली अँगीठी में चीड़ की लकड़ी के बहुत बड़े जलते हुए ठेले को देखते हुए, इन्हीं चीज़ों के बारे में सोच रहा था। रूपांकन जो अपने समय के अत्यन्त प्रसिद्ध कलाकारों द्वारा किए गए थे, उसके समक्ष कई महीने पहले प्रस्तुत कर दिए गए थे, और उसने आदेश भी दे दिए थे कि कारीगरों को इन्हें कार्यरूप देने के लिए रात-दिन काम करना होगा और यह कि उनके कार्य के अनुरूप जवाहर ढूँढने के लिए समस्त विश्व को खंगालना होगा। कल्पना में उसने अपने-आपको राजसी पोषाक में गिरजे की ऊँची वेदिका पर खड़े देखा, और एक मुस्कान उसके बाल-सुलभ होंठों पर आकर खेलने के लिए ठहर गई, और उस मुस्कान ने उसकी काली और कल्पनाशील आँखों में चमक बिखेर दी।

कुछ समय बाद वह अपने स्थान से उठा, और उसने चिमनी के उत्कीर्ण सायबान का सहारा लेते

हुए, धीमे-से प्रकाशित कक्ष को देखा। दीवारों पर बहुमूल्य पर्दे 'सुन्दरता की विजय' का प्रतिनिधित्व कर रहे थे। कक्ष में एक बहुत बड़ी आलमारी थी जिसका एक कोना मणिकाँचन और लाजवर्द से भरा था, और खिड़की के ठीक सामने खड़ी थी अद्भुत ढंग से सजी हुई एक और आलमारी, जिस पर वेनिसी शीशे के कुछ उत्कृष्ट चषक पड़े थे तथा गहरी धारियों वाले सुलेमानी पत्थर का एक जाम था। बिस्तर की रेशमी चादर पर, नींद के थके हाथों से गिरे हुए होने का आभास देते, हल्के पीले रंग के पोस्ता फूल काढ़े हुए थे और हाथी दाँत की लम्बी धारीदार बाँसुरियाँ मख़मली चँदवे को थामे हुए थीं, चँदवे से शतुर्मुर्ग़ पंखों के बड़े-बड़े गुच्छे फेन की भाँति नक़्क़ाशीदार छत की हल्की पीली चाँदी की ओर निकले हुए थे। उसके सिर से ऊपर रोग़नदार दर्पण-थामे-नार्सीसस की हरी कांस्य प्रतिमा दिखाई दे रही थी। मेज़ पर जम्बुमणि का एक सपाट-सा कटोरा पड़ा था।

बाहर, वह गिरजे के बहुत बड़े गुम्बद को जो धुँधले घरों पर बुलबुले की तरह लटका हुआ था, और थके हुए प्रहरियों को, जो कि नदी किनारे वाली धुँधली छत पर ऊपर-नीचे टहल रहे थे, देख पा रहा था। दूर,एक उद्यान में, बुलबुल गा रही थी। खुली खिड़की से चमेली की भीनी-भीनी ख़ुशबू आ रही थी। उसने

अपने भूरे कुण्डलों को माथे से हटाया, और एक वीणा को उठाकर अपनी उँगलियों को उसके तारों पर भटक जाने दिया। उसकी बोझिल पलकें झुक रही थीं और एक अजीब –सी प्रेम-विह्वलता उसपर हावी हो गई। इससे पहले उसने इतनी उत्सुकता से, या इतने असीम आनन्द से सुन्दर चीज़ों के रहस्य और जादू को अनुभव नहीं किया था।

जब घण्टाघर ने आधी रात का गजर बजाया तो उसने एक घंटी को छुआ और परिचरों ने अन्दर आकर उसके सर पर गुलाब-जल उँडेलते हुए, तथा उसके सिरहाने पर फूल छिड़कते हुए, उसके लम्बे झूलते लबादे को विधिवत रूप से खुलवा लिया। कमरे से परिचरों के चले जाने के कुछ ही क्षणों बाद, उसे नींद आ गई।

नींद आते ही उसने एक सपना देखा, और यह उसका सपना था।

उसने देखा कि वह एक लम्बी अटारी में, करघों की खड़खड़ाहट में खड़ा था। दिन की बहुत ही अपर्याप्त रोशनी जालीदार खिड़कियों से झाँक पा रही थी, और उसे अपने -अपने करघों पर झुके हुए बुनकरों की मरियल आकृतियाँ दिखला रही थी। हल्के पीले, बीमार-से दिखने वाले बच्चे बड़ी –बड़ी आड़ी कड़ियों पर पाँव के बल बैठे हुए थे। जैसे ही ढिरकियाँ ताने पर

दौड़ती थीं, बच्चे करघे के भारी डण्डों को उठाते,और जब ढिरकियाँ रुक जातीं वे डण्डों को गिराते थे जिससे धागों पर दबाव पड़ता था। बच्चों के चेहरे ऐसे थे मानों उन पर आकाल ने चिकोटी काट ली हो, और उनके पतले हाथ काँप रहे थे। मेज़ों पर झुकी कुछ मरियल-सी औरतें सिलाई कर रही थीं। उस जगह भयानक दुर्गंध फैली हुई थी। हवा गन्दी और बोझिल थी, दीवारों से नमी बह कर टपक रही थी।

युवा नरेश एक बुनकरों में से एक के पास जाकर खड़ा हो गया और उसे देखने लगा।

और बुनकर ने उसे क्रुद्ध होकर देखा, और कहा,"तुम मुझे क्यों देख रहे हो? क्या तुम्हें हमारे स्वामी ने हमारी जासूसी के लिए रखा है?"

"तुम्हारा स्वामी कौन है?" युवा नरेश ने पूछा।

"हमारा स्वामी!" वह कटुता से चिल्लाया, " वह भी मेरे ही जैसा मनुष्य है। वास्तव में, हम दोनों में अन्तर केवल इतना है कि वह बढ़िया कपड़े पहनता है जबकि मैं चीथड़े पहनता हूँ, और जबकि मैं भूख के कारण कमज़ोर हूँ, वह ज़रूरत से ज़्यादा खाकर भी ज़रा-सा भी बीमार नहीं होता।

"धरती स्वतन्त्र है, " युवा नरेश ने कहा, "और तुम किसी के दास नहीं हो।"

"युद्ध में," बुनकर ने उत्तर दिया, " सबल निर्बल को दास बनाता है और शांति में धनी निर्धन को दास बनाता है, हमें जीवित रहने के लिए काम करना पड़ता है, और वे हमें इतनी कम मज़दूरी देते हैं कि हम मरने को विवश हैं, हम उनके लिए सारा दिन ख़ून पसीना एक करते हैं और वे अपनी तिजोरियों में सोना ठूँसते हैं, हमारे बच्चे असमय मुरझा जाते हैं, और जिन्हें हम प्रेम करते हैं उनके चेहरे कठोर और अशुभ हो जाते हैं, अँगूरों को मसलते हम हैं, और शराब और लोग पीते हैं। अनाज हम बीजते हैं, और हमारे अपने पास दाना तक नहीं है, हम ज़ंजीरों में हैं, लेकिन हमारी ज़ंजीरों को कोई आँख नहीं देखती; और हम दास हैं, यद्यपि लोग हमें स्वतंत्र कहते हैं। "

"क्या सबका हाल यही है?" युवा नरेश ने पूछा।

"सबका हाल यही है," बुनकर ने उत्तर दिया, "जवानों का भी बूढ़ों का भी, औरतों का भी, मर्दों का भी, बच्चों का भी और बुढ़ापे के कारण क्षीण लोगों का भी। व्यापारी हमें पीस रहे हैं, और जो वे चाहते हैं, हमें करना पड़ता है। पादरी मज़े में है और माला जपता रहता है, और हमारी परवाह किसी को नहीं है। दरिद्रता अपनी भूखी आँखों के साथ, हमारी धूप-रहित गलियों से होकर रेंगती आती है, और उसके पीछे पीछे आता पाप अचानक दिखाता है अपना

चेहरा। दु:ख हमें सुबह जगाता है, शर्म सारी रात हमारे पास बैठी रहती है। लेकिन इन बातों का तुम्हारे लिए क्या अर्थ है ? तुम हम में से नहीं हो। तुम्हारा चेहरा तो बहुत प्रसन्न है।" और वह नाक -भौं सिकोड़ते हुए वहाँ से हट गया और उसने ढरकी को करघे से परे फेंक दिया , और युवा नरेश ने देखा कि इस में तो सोने का धागा चढ़ा हुआ था। अत्याधिक भय ने उसे जकड़ लिया, और उसने बुनकर से कहा, "और यह वस्त्र क्या है जो तुम बुन रहे हो?"

"यह वस्त्र युवा नरेश के राज्याभिषेक के लिए है।" उसने उत्तर दिया,"तुम्हें इससे मतलब?"

युवा नरेश बहुत ज़ोर से चीखते हुए, नींद से जाग उठा। और उसने स्वयं को अपने ही कक्ष में पाया और उसकी दृष्टि खिड़की के बाहर धुँधली हवा में लटके हुए बहुत बड़े मधु-रंगी चाँद पर पड़ी।

वह फिर सो गया, और उसने सपना देखा, और यह उसका सपना था।

उसने देखा कि वह एक बहुत बड़े पोत की छत पर लेटा है और पोत को सौ दास खे रहे हैं । उसके पास ही एक गलीचे पर पोत का स्वामी बैठा हुआ है । वह आबनूस की लकड़ी की तरह काला था। उसकी पगड़ी गहरे लाल रंग के रेशम की थी। चांदी

की बड़ी-बड़ी बालियों का भारी बोझ उसके कानों की लोलकियों को खींच रहा था। वह हाथी दाँत की तुला थामे हुए था।

दास कमर पर लिपटे हुए चीथड़ों को छोड़ लगभग नंगे ही थे। और प्रत्येक दास अपने साथ वाले दास के साथ ज़ंजीरों से जकड़ा हुआ था। गर्म सूर्य भी उन पर अपनी क्रूरता चमका रहा था। पोत की मार्गिका से ऊपर नीचे जाते हुए हब्शी उन पर चमड़े के कोड़े बरसा रहे थे। वे अपनी पतली भुजाएँ फैलाए, पानी में अपनी भारी पतवारों के साथ पोत को खे रहे थे। पतवारों से नमक की फुहारें उड़ रही थीं।

अंततः वे एक खाड़ी में पहुँचे और, स्थिति का आकलन करने लगे। तट से हल्की-सी हवा ने आकर छत और बहुत बड़े तिकोने पाल वाले पोत को सुन्दर लाल धूल से ढाँप दिया। जंगली गधों पर सवार तीन अरबों ने आकर उनपर भाले फेंके। पोत के स्वामी ने एक रंगीला तीर उनमें से एक के गले पर मारा। वह तट की फेन में गिरा, और उसके साथी सरपट भाग खड़े हुए। पीले पर्दे में लिपटी, ऊँट पर बैठी हुई एक औरत कभी –कभार, पीछे रह गए शव को देखती हुई, धीरे-धीरे उनके पीछे-पीछे चलती रही।

जैसे ही उन्होंने लंगर डाल कर पोत को किनारे लगाया, हब्शी पोत के फलके से रस्सियों की भारी

भरकम सीसा युक्त सीढ़ी निकाल लाए। पोत के स्वामी ने सीढ़ी के सिरों को लोहे के दो सीखचों के साथ बाँध कर एक तरफ़ से समुद्र में फेंक दिया। फिर हब्शियों ने एक सबसे युवा दास को पकड़ा, उसकी बेड़ियाँ तोड़ डालीं और उसके नथुनों और कानों में मोम भर कर उसकी कमर के साथ एक भारी पत्थर बाँध दिया। थका- माँदा दास सीढ़ी से रेंगता हुआ, समुद्र में ओझल हो गया। वह जहाँ से उतरा था वहाँ से कुछ बुलबुले उठे। अन्य दास उत्सुकतावश दूसरी ओर देखते रहे। पोत के मन्दान पर शार्कों को आकर्षित करने वाला व्यक्ति बैठा हुआ था और नीरस ढंग से लगातार ढोल पीटे जा रहा था।

कुछ समय बाद गोताख़ोर पानी से निकल आया और हाँफता हुआ सीढ़ी से चिपक गया। उसके दायें हाथ में एक मोती था। हब्शियों ने वह मोती उसके हाथ से ले लिया, और दास को फिर पानी में फेंक दिया। दास अपनी पतवारों पर सो गए। बार -बार गोताख़ोर पानी से ऊपर आता, और हर बार अपने साथ एक सुन्दर मोती निकाल कर लाता था। पोत का स्वामी उन मोतियों को तोल कर हरे चमड़े के छोटे-से थैले में रख देता था।

युवा नरेश ने कुछ कहने का प्रयास किया। लेकिन उसे ऐसा लगा कि उसकी जीह्वा उसके तालू से चिपक गई थी, और होंठों ने हिलने से इन्कार कर दिया था।

हब्शी आपस में चहक रहे थे, और उन्होंने चमकदार मनकों की एक माला को लेकर झगड़ा शुरू कर दिया था। दो सारस, पोत के इर्द-गिर्द मँडरा रहे थे।

फिर गोताख़ोर अंतिम बार ऊपर आया, और इस बार जो मोती साथ लाया वह ओरमज़ के सब मोतियों में से सुन्दर था। इसका आकार पूर्णिमा के चाँद-सा था, और यह मोती भोर के तारे से भी अधिक सफ़ेद था। लेकिन दास का चेहरा अद्भुत रूप से पीला था, और जैसे ही वह छत के ऊपर गिरा, उसके नथुनों और कानों से रक्त फूट पड़ा। वह कुछ समय के लिए काँपा, और ठण्डा हो गया। हब्शियों ने अपने काँधे उचकाए और उसके शव को समुद्र में फेंक दिया।

और फिर पोत का स्वामी हँसा, और, उसने हाथ बढ़ाकर, मोती ले लिया, और जब उसने मोती को देखा तो उसे अपने माथे से लगा कर सर झुका लिया। 'यह मोती,' उसने कहा, 'युवा नरेश के राजदण्ड को सुशोभित करेगा,' और उसने हब्शियों को लंगर उठाने का संकेत दे दिया।'

यह सुन कर युवा नरेश ज़ोर से चीख़ा, और नींद से जाग उठा और खिड़की से उसने मद्धम सितारों को बीनती हुई उषा की लम्बी उँगलियाँ देखीं। और वह फिर सो गया, और उसने सपना देखा और यह उसका सपना था।

उसे लगा कि वह एक धुँधले जंगल में भटक रहा था, जिसमें अद्भुत फल और सुन्दर ज़हरीले फूल लटक रहे थे, वहाँ से गुज़रते हुए साँप उस पर फुँफकार रहे थे, और सुन्दर सुग्गे, चीख़ते हुए टहनियों से उड़ रहे थे। गर्म दलदल में बड़े- बड़े कछुए सो रहे थे। पेड़ बन्दरों और मोरों से अटे पड़े थे।

जंगल की बाहरी सीमा तक पहुँचने तक वह आगे से आगे बढ़ता रहा, और वहाँ उसने असंख्य लोगों को सूखी नदी की सतह पर कठोर परिश्रम करते हुए देखा। वे एक चट्टान पर चींटियों के झुंड की तरह इकट्ठे थे। वे ज़मीन में गहरे गढ़े खोद कर उनमें घुस रहे थे। उनमें से कुछ लोग चट्टानों को कुल्हाड़ों से फाड़ रहे थे, कुछ लोग रेत में छटपटा रहे थे। वे केक्टसों को जड़ों से उखाड़ रहे थे और सिन्दूरी मंजरियों को रौंद रहे थे। वे बहुत जल्दी में थे, और एक दूसरे को पुकार कर बता रहे थे कि काम जल्दी करना है, और कोई भी बेकार नही बैठा था।

एक गुफ़ा के अँधेरे से 'मृत्युदेव' और 'धन-लोलुपता' उन्हें देख रहे थे, और मृत्युदेव ने कहा, 'मैं बहुत थक चुका हूँ; मुझे इनमें से एक तिहाई दे दो, और मुझे जाने दो।'

लेकिन धनलोलुपता ने इन्कार करते हुए अपना सिर हिलाया। 'वे मेरे दास हैं, ' उसने उत्तर दिया।

और मृत्युदेव ने उसे कहा, 'तुम्हारे हाथ में क्या है?

'मेरे पास अनाज के तीन दाने हैं,' उसने उत्तर दिया; 'लेकिन तुम्हें इससे मतलब?'

'मुझे इनमें से एक दे दो,' मृत्युदेव चिल्लाए 'मेरे बग़ीचे में बोने के लिए; सिर्फ़ एक, और मैं चला जाऊँगा।"

'मैं तुझे कुछ नहीं दूँगी,' धनलोलुपता ने कहा, और उसने अपना हाथ अपने कपड़ों की तह में छुपा लिया।

और मृत्युदेव हँसे, और उन्होंने एक प्याला निकाला, और प्याले को पानी के तालाब में डुबोया, और प्याले में से निकलकर एक सिरहन-सी लोगों में फैल गई, और एक तिहाई लोग मर गए, उसके बाद ठण्डी धुन्ध आ गई, और पानी के साँप उसके साथ-साथ चल रहे थे।

और जब धनलोलुपता ने इतने लोगों को मरे हुए देखा, तो वह छाती पीट-पीटकर रोने लगी, उसने अपना बंजर सीना पीट लिया, और ज़ोर -ज़ोर से रोई। 'तुमने मेरे एक तिहाई दासों को मार दिया है।' वह चिल्लाई, ' तुम यहाँ से चले जाओ। तार्तार के पहाड़ों में युद्ध होने वाला है, और दोनों पक्षों के राजा तुम्हें पुकार रहे हैं, अफ़ग़ानियों ने काला बैल काट दिया हैं और वे युद्ध –स्थल की ओर बढ़ रहे हैं, वे अपने

भालों को ढालों के साथ टकरा चुके हैं, और उन्होंने लोहे के टोप धारण कर लिए हैं। तुम मेरी घाटी को क्या समझकर रुके हुए हो? यहाँ से चले जाओ, और फिर यहाँ कभी मत आना। '

'नहीं,' मृत्युदेव ने उत्तर दिया, और उन्होंने एक काला पत्थर निकाला, और जंगल में फेंक दिया, और जंगली विषगर्जर के झुरमुट से आग की ज्वाला का लबादा पहने ज्वर निकल आया। ज्वाला भीड़ में से गुज़री, और उसने लोगों को छू लिया, और वह जिन-जिन लोगों को छूती गई वे सब मरते गए। वह जहाँ -जहाँ से गुज़री, उसके क़दमों तले की घास मुर्झा गई।

धनलोलुपता काँप उठी, और उसने अपने सर में धूल डाल ली। 'तुम क्रूर हो,' वह चिल्लाई, 'भारत के चार-दीवारियों वाले शहरों में अकाल पड़ा है और समरकन्द के जल-कुण्ड सूख चुके हैं। मिस्र के चार-दीवारों वाले शहरों में अकाल पड़ा है,और जंगलों से टिड्डी-दल वहाँ आ गए हैं। नील नदी में बाढ़ नहीं आई है, और पादरियों ने आइसिस और ओर्सिस को श्राप दे दिया है। तुम वहाँ जाओ, जहाँ तुम्हारी आवश्यकता है, और मेरे दासों को छोड़ दो।'

'नहीं, 'मृत्युदेव ने उत्तर दिया, 'लेकिन जब तक तुम मुझे अनाज का दाना नहीं दोगी, मैं नहीं जाऊँगा।'

'मैं तुम्हें कुछ नहीं दूँगी,' धनलोलुपता ने कहा।

मृत्युदेव फिर हँसे, और उन्होंने उँगलियों से सीटी बजाई, और एक औरत हवा में उड़ती हुई आई। उसके माथे पर प्लेग लिखी थी, दुबले -पतले गिद्धों का झुण्ड उसके इर्द -गिर्द मँडरा रहा था। उसने अपने पंखों से सारी घाटी को ढँक लिया, और वहाँ कोई भी जीवित नहीं बचा।

और धनलोलुपता चीख़ती हुई जंगल के रास्ते भाग गई। और मृत्युदेव अपने लाल घोड़े पर सवार होकर हवा से भी तेज़ गति से उड़ गए।

और घाटी की सतह के कीचड़ से ड्रैगन और शल्कों वाली भयानक चीज़ें रेंगती हुई निकल आईं। गीदड़ रेत पर कूदते हुए और अपने नथुनों से हवा को सूँघते हुए आ गए।

और युवा नरेश रोने लगा, और उसने कहा,'ये मरने वाले लोग कौन थे और क्या ढूँढ रहे थे ?'

'वे युवा नरेश के मुकुट के लिए जवाहर ढूँढ रहे थे,' उसके पीछे खड़े एक आदमी ने कहा।

और युवा नरेश चौंक उठा, और घूम कर उसने एक तीर्थयात्री के वेश में एक व्यक्ति को देखा जो हाथ में चांदी का दर्पण थामे हुए था। उसका चेहरा पीला पड़ गया, और उसने कहा," किस नरेश के लिए?'

और तीर्थयात्री ने कहा : 'इस दर्पण में झाँको और तुम उसे देख सकोगे।'

उसने दर्पण में झाँका, और, अपना चेहरा देखकर ज़ोर से चीख़ा और उसकी नींद खुल गई, तेज़ धूप छनकर कमरे में आ रही थी,और उद्यान के पेड़ों और उनकी महक में पंछी गा रहे थे।

और राजमहल के उच्चतम अधिकारी और अन्य अधिकारियों ने भीतर आकर उसे अभिवादन किया, और परिचर उसके लिए स्वर्ण के वस्त्र ले आए, और उसके सामने मुकुट और राजदण्ड रख दिया।

और युवा नरेश ने उन्हें देखा, वे बहुत सुन्दर थे। आजतक उसने जो देखे थे उससे भी कहीं अधिक सुन्दर। लेकिन उसे अपने स्वप्न याद आ गए, और उसने अपने अधिकारियों से कहा : इन्हें ले जाओ, क्योंकि मैं इन्हें धारण नहीं करूँगा।'

और दरबारी चकित हो गए, कुछ तो हँसने लगे, क्योंकि उन्होंने सोचा कि वह मज़ाक़ कर रहा था।

लेकिन उसने फिर उनसे कठोरता से बात की, और कहा : इन वस्तुओं को मेरी नज़रों से दूर कर दो, भले ही यह मेरे राज्याभिषेक का दिन है, मैं इन्हें धारण नहीं करूँगा। क्योंकि दु:ख के करघे पर, और पीड़ा के सफेद हाथों द्वारा बुनी गई है मेरी पोषाक। लोगों के

रक्त से सना है जवाहर का हृदय, और मृत्यु है मोतियों के हृदयों में।' और उसने उन्हें अपने तीन स्वप्न सुना दिए।

युवा नरेश के स्वप्न सुन कर दरबारियों ने एक दूसरे को देखा और और बुदबुदा कर कहने लगे, 'निश्चित रूप से यह पागल है; क्योंकि स्वप्न तो स्वप्न है, कल्पना तो कल्पना है। ये बातें वास्त्विकता तो नहीं हैं कि इनकी ओर ध्यान देना आवश्यक हो। और जो लोग हमारे लिए परिश्रम करते हैं, हमें उनके जीवन से क्या लेना-देना है? क्या कोई तब तक रोटी नहीं खाएगा जब तक कि वह किसान को न देख ले, या तब तक शराब नहीं पियेगा जब तक वह शराब बनाने वाले को न देख ले?"

और राजमहल के उच्चतम अधिकारी ने युवा नरेश से बात की, और कहा, ' स्वामी, आपसे प्रार्थना है कि आप अपने इन दु:स्वप्नों को एक तरफ़ रख दें, और यह उजली पोषाक पहन लें, और यह मुकुट धारण कर लें क्योंकि लोग कैसे जानेंगे कि आप नरेश हैं, अगर आप नरेश की पोषाक में नही हैं?'

और युवा नरेश ने उस अधिकारी को देखा। 'क्या वास्तव में ऐसा है?' उसने पूछा, 'क्या वे मुझे नहीं पहचानेंगे अगर मैं नरेश की पोषाक नहीं पहनूँगा?'

'स्वामी, वे आपको नहीं पहचानेंगे।'

'मैं समझता था कि ऐसे पुरुष भी हो गुज़रे हैं जो राजाओं जैसे भी हुआ करते थे,' उसने उत्तर दिया, 'लेकिन हो सकता है कि तुम ठीक ही कह रहे हो, लेकिन फिर भी मैं न तो यह पोषाक पहनूँगा, और न ही इस मुकुट से अपना राज्याभिषेक करवाऊँगा, मैं तो जैसा महल में आया था वैसा ही यहाँ से जाऊँगा।'

और उसने वहाँ से सब लोगों को चले जाने के लिए कहा, एक परिचारक को छोड़कर, जिसे उसने अपने साथ के लिए रख लिया, वह भी उससे एक वर्ष छोटा किशोर ही था। युवा नरेश ने उसे अपनी सेवा में रखा, और स्वच्छ पानी में नहाने के बाद, उसने एक बड़ी रँगदार अलमारी खोली जिसमें से उसने चमड़े का कुर्ता और बकरी की खाल का वह चोग़ा निकाला जिसे वह रेवड़ की मरियल भेड़ों की रखवाली करते हुए पहनता था। उसने ये वस्त्र पहने और हाथ में गडरिए वाला खुरदरा दण्ड पकड़ लिया।

और नन्हें परिचारक ने चकित हो कर अपनी बड़ी–बड़ी और नीली आँखें खोली, और मुस्कुराकर उससे कहा,

'स्वामी, मैं आपकी पोषाक और राजदण्ड तो देख पा रहा हूँ, परन्तु, आपका मुकुट कहाँ है?' और युवा नरेश ने बाल्कनी पर चढ़ रही जंगली कँटीली झाड़ी

की एक टहनी को तोड़कर उसका छोटा-सा वृत बनाया, और सिर पर धारण कर लिया।

'यही होगा मेरा मुकुट,' उसने उत्तर दिया।

और वह इसी पहरावे में अपने कक्ष से महाकक्ष में प्रवेश कर गया, जहाँ अभिजात्य लोग उसकी प्रतीक्षा में थे। और अभिजात्य लोगों ने आनन्द लिया, और उनमें से कुछ लोगों ने उसे पुकार कर कहा, 'स्वामी, लोगों को नरेश की प्रतीक्षा है और आप उन्हें भिखारी के दर्शन करवाने जा रहे हैं,' और कुछ अन्य जो योग्य थे, ने कहा, 'यह तो राज्य के लिए कलंक है, और हमारा नरेश बनने योग्य नहीं है। ' उसने उन्हें कोई उत्तर नहीं दिया, लेकिन आगे बढ़ता रहा और ज़ीने के चमकदार नील-लोहित काँच की सीढ़ियाँ उतर गया, और कांसे के मुख्य द्वारों से निकल कर वह अपने घोड़े पर सवार हो गया, और गिरजे की ओर बढ़ चला, नन्हा परिचर उसके पीछे-पीछे भाग रहा था।

लोग हँसे और कहने लगे, "नरेश का विदूषक घुड़सवारी कर रहा है,' और उन्होंने उसका उपहास उड़ाया। और उसने लगाम खींची और कहा,' नहीं, लेकिन मैं तो नरेश हूँ।' और उसने उन्हें अपने स्वप्न सुना दिए।

और भीड़ में से एक व्यक्ति आगे बढ़ा और बहुत कड़वे लहजे में उससे बोलने लगा, "श्रीमान, क्या आप नहीं जानते कि धनवानों की विलासिता से निर्धनों का जीवन चलता है ? आपकी सज-धज से हमारा पालन-पोषण होता है, आपके दुर्गुण हमें रोटी देते हैं। क्रूर स्वामी के लिए श्रम करना कटुतापूर्ण है, परन्तु कोई स्वामी ही न होना और भी कटुतापूर्ण है। आपको लगता है कि हमें कौए रोटी देंगे ? और आपके पास इन चीज़ों का उपाय भी क्या है ? क्या आप ग्राहक को कहेंगे,'तुम इस भाव ख़रीदोगे' और विक्रेता को कहेंगे, 'तुम इस भाव बेचोगे', मुझे नहीं लगता। अपने महल में जाइए और अपना नील लोहित और भव्य वस्त्र धारण कीजिए। आपको हमसे और हमारे दुखों से क्या लेना-देना? "

'क्या धनी और निर्धन भाई- भाई नहीं हैं ? ' युवा नरेश ने पूछा।

'हैं, और धनवान भाई का नाम केन (आदम और हव्वा के दो बेटों में से बड़ा बेटा जिसने अपने छोटे भाई एबल को मार दिया था) है।'

युवा नरेश की आँखों में आँसू आ गए, और वह बुदबुदाते हुए लोगों में से निकलता हुआ आगे बढ़ता रहा, और नन्हा परिचर भयभीत हो कर भाग लिया। जब वह गिरजे के द्वार पर पहुँचा, सैनिकों ने अपने परशु निकाल लिए और कहा, 'तुम यहाँ क्या ढूँढ रहे

हो ? इस द्वार से नरेश के अतिरिक्त और कोई प्रवेश नहीं कर सकता। उसका चेहरा क्रोध से लाल हो गया, और उसने कहा, 'मैं नरेश हूँ,' और उनके परशुओं को एक तरफ़ करके वह गिरजे में प्रवेश कर गया।

और जब बूढ़े धर्माध्यक्ष ने उसे गडरिए के वस्त्रों में अन्दर आते हुए देखा, वह चकित हो कर अपने आसन से उठ गया, और उससे मिलने गया और कहा, 'मेरे बच्चे, क्या यह राजसी परिधान है ? और मैं किस मुकुट से तुम्हारा राज्याभिषेक करूँगा ? और मैं तुम्हें कौन –सा राजदण्ड थमाऊँगा ? निश्चित रूप से आज तुम्हारे लिए आनन्द का दिवस है, अवमानित होने का नहीं।'

'क्या आनन्द वह पहनेगा जिसे दुःख ने रचा है? 'युवा नरेश ने कहा। और उसने अपने तीन स्वप्न धर्माधीश को सुना दिए। और जब धर्माधीश ने उन्हें सुना तो उसने त्योरियाँ चढ़ा लीं, और कहा, 'मेरे बच्चे, मैं एक वृद्ध व्यक्ति हूँ और अपने जीवन की शरद ऋतु में हूँ, और मैं जानता हूँ कि विश्व में बहुत दुष्कर्म भी होते हैं। वहशी लुटेरे पहाड़ों से उतरकर आते हैं और बच्चों को उठा कर ले जाते हैं और हब्शियों को बेच देते हैं। कारवानों की प्रतीक्षा में शेर लेटे रहते हैं और ऊँटों पर झपट पड़ते हैं, जंगली सूअर घाटी की सारी फ़स्लें उखाड़ देते हैं और गीदड़ पहाड़ियों के ऊपर

लगी बेलों को चबा डालते हैं। समुद्री लुटेरे तटों पर तबाही ढा देते हैं और नौ सैनिकों के जहाज़ों को जला देते हैं, और उनके जाल छीन लेते हैं। नमक के दलदलों में रहते हैं कोढ़ग्रस्त लोग; सरकण्डों के बने होते हैं उनके घर, और कोई उनके निकट जा नहीं सकता। भिखारी शहरों में घूमते रहते हैं और वे कुत्तों के साथ बैठकर खाना खाते हैं, क्या तुम यह सब कुछ होना बन्द कर सकते हो? क्या तुम किसी कोढ़-ग्रस्त के साथ शयन करोगे ? या किसी भिखारी के साथ बैठ कर खाना खाओगे? क्या शेर तुम्हारा कहा मानेंगे, और क्या जंगली सूअर तुम्हारे आदेश का पालन करेंगे ? जिसने दुःख की रचना की है क्या वह तुमसे अधिक बुद्धिमान नहीं है? इसीलिए जो तुमने किया है, उसके लिए मैं तुम्हारी प्रशंसा नहीं कर रहा हूँ अपितु तुमसे अनुरोध कर रहा हूँ कि वापस राजमहल को लौट जाओ, प्रसन्नतापूर्वक वह वस्त्र धारण करो जो एक राजा को शोभा देता है, और मैं तुम्हें स्वर्ण-मुकुट पहना कर तुम्हारा राज्याभिषेक करूँगा, और मोतियों से जड़ा हुआ राजदण्ड तुम्हें प्रदान करूँगा। और जहाँ तक तुम्हारे सपनों की बात है, तुम उन पर तनिक भी विचार न करो। सारे संसार का भार एक व्यक्ति के लिए बहुत अधिक है सारे संसार का दुःख भी एक हृदय के लिए बहुत अधिक है।'

'आप इस घर में ऐसा कह रहे है?' युवा नरेश ने कहा, और वह धर्माध्यक्ष को पीछे छोड़ता हुआ, वेदिका की सीढ़ियाँ चढ़ गया, और ईसा की प्रतिमा के समक्ष खड़ा हो गया।

वह ईसा की प्रतिमा के समक्ष खड़ा हो गया, उसके दायें – बायें, सोने के अद्भुत बर्तन पड़े थे, पीली मदिरा का चषक था और पवित्र तेल की शीशी पड़ी थी। वह ईसा की प्रतिमा के समक्ष दण्डवत हुआ, और जवाहरात–जड़े गिरजे में बड़ी-बड़ी मोम-बत्तियाँ जगमगा उठीं, और अगरबती का धुआँ बारीक नीली मालाओं की तरह गुंबद की ओर लहराने लगा। उसने अपना सिर प्रार्थना में झुकाया और पादरी अपने कड़कदार चोग़ों में रेंगते हुए वेदिका से दूर हो गए।

अचानक, बाहर की गली से, एक जंगली शोरगुल के साथ, म्यानों से तलवारें खींचे हुए, सिरों पर बँधे पंख लहराते हुए, रंगदार लोहे की ढालें थामे हुए, अभिजात्य लोग प्रविष्ट हुए। 'कहाँ है स्वप्न द्रष्टा ?' वे चिल्लाए, ' कहाँ है नरेश, जिसने भिखारी का पहरावा पहना है- वह लड़का जो हमारे राज्य के लिए कलंक है, हम अवश्य उसे काट डालेंगे, क्योंकि वह हम पर शासन करने योग्य नहीं है। '

और युवा नरेश एक बार फिर नत-मस्तक हुआ, उसने फिर प्रार्थना की, और प्रार्थना करने के बाद वह उठा, उसने घूमकर उदास हो कर उन्हें देखा।

और, रंगदार खिड़कियों से धूप छनकर उस पर आ रही थी और धूप की किरणों ने उसके शरीर पर जालीदार वस्त्र बुन दिया जो सुन्दर था उससे भी अधिक सुन्दर, जो पहले उसके लिए बुना गया था। सूखा दण्ड जो वह थामे हुए था, हरा भरा हो उठा और उसपर कुमुदिनियाँ खिल उठीं जो मोतियों से अधिक सफ़ेद थीं। और सूखी कँटीली झाड़ी भी खिलखिला उठी और उसपर मुस्कुरा उठे लाल गुलाब जो लाल माणिक्यों से भी अधिक लाल थे। श्रेष्ट मोतियों से श्वेत थीं कुमुदिनियाँ और उनकी टहनियाँ थीं चाँदी -सी चमकदार। माणिकों से अधिक लाल थे गुलाब और उनके पत्ते थे स्वर्णिम।

वह खड़ा था उनके सामने राजसी वस्त्रों में, और जवाहर-जटित गिरजे के द्वार खुल गए। असंख्य किरणों वाली प्रदर्शिका के काँच से अद्भुत रहस्यमय प्रकाश चमक उठा। वहाँ खड़ा था वह राजसी पोषाक में, और उस स्थान पर प्रभु की अनुकम्पा बरस रही थी और प्रकीरित आलों में संत हिलते हुए दिखाई देने लगे। भव्य राजसी पहरावे में, वह उनके समक्ष खड़ा था। संगीत निकला वाद्यराज से और शहनाई -वादकों ने बजाई शहनाई, और गायक गाने लगे।

और लोग विस्मय में दण्डवत हो गए, अभिजात्य लोगों की तलवारें म्यानों में वापस चली गईं और उन्होंने उसे सम्मान दिया, और धर्माध्यक्ष का चेहरा पीला पड़ गया, उसके हाथ काँपने लगे। और उसने कहा, ' मुझसे महान (परमपिता) ने किया है तुम्हारा राज्याभिषेक' और धर्माध्यक्ष युवा नरेश के सामने दण्डवत हो गया। युवा नरेश ऊँची वेदिका से उतर आया, लोगों में से होता हुआ राजमहल को लौट गया। परन्तु किसी में उसका चेहरा देखने का साहस नहीं था क्योंकि उसका चेहरा एक देवदूत के चेहरे जैसा था।

अद्भुत रॉकेट

राजकुमार की शादी होने वाली थी। वातावरण उत्सवमय था । पूरा एक वर्ष उसने अपनी दुल्हन की प्रतीक्षा की थी और अन्ततः वह आ चुकी थी। वह एक रूसी राजकुमारी थी, और उसने फ़िनलैंड से सारा रास्ता छः रेंडियरों द्वारा खींची जाने वाली स्लेज से तय किया था। स्लेज एक बड़े स्वर्णिम राजहंस के आकार-सी थी और राजहंस के पंखों के बीच बैठी थी स्वयं राजकुमारी। उसका कीमती फ़र वाला लबादा उसके पैरों तक झूल रहा था। उसके सर पर थी चाँदी के रंग के कपड़े की छोटी-सी टोपी और वह अपने उस बर्फ़ीले महल जैसी सफ़ेद थी, जिसमें वह सदा रहती आई थी। वह इतनी सफ़ेद थी कि जब अपनी स्लेज में गलियों से गुज़री तो लोग हैरान रह गए।

"वह सफ़ेद गुलाब जैसी है!" वे चिल्लाए और उन्होंने अपने घरों की बाल्कनियों से उस पर फूल बरसाए।

राजमहल के द्वार पर राजकुमार उसकी प्रतीक्षा कर रहा था। उसकी आँखें स्वप्रिल और नील-पुष्पी थीं और उसके बाल खरे सोने जैसे थे। उसे देखकर वह एक घुटने के बल झुका और और उसका हाथ चूम लिया।

"तुम्हारी तस्वीर सुन्दर थी," राजकुमार बोला, "परन्तु तुम अपनी तस्वीर से अधिक सुन्दर हो " नन्हीं राजकुमारी का मुख शर्म से लाल हो गया।

"राजकुमारी पहले सफ़ेद गुलाब-सी थी।" एक परिचर ने अपने साथ वाले से कहा,"लेकिन अब वह लाल गुलाब-सी है।" और सारा दरबार प्रसन्न हो उठा।

अगले तीन दिन तक हर व्यक्ति यही कहता रहा "सफ़ेद गुलाब, लाल गुलाब, लाल गुलाब, सफ़ेद गुलाब " और राजा ने आदेश दिया कि "नौकर का वेतन दुगना कर दिया जाए।" और क्योंकि उसे वेतन मिलता ही नहीं था, इस बढ़ोतरी का उसके लिए कोई अर्थ ही नहीं था फिर भी इस बढ़ोतरी को एक बहुत बड़ा सम्मान माना गया और इसे दरबारी राजपत्र में प्रकाशित भी किया गया।

तीन दिन पूरे होने के पश्चात शादी का जश्न मनाया गया।

यह एक भव्य समारोह था, और दूल्हा -दुल्हन मोतियों से कढ़ाई किए हुए बैंजनी मख़मल के चँदवे तले, हाथ में हाथ लिए घूम रहे थे। फिर वहाँ राजकीय दावत भी थी, जो पाँच घण्टे चली। राजकुमार और राजकुमारी महा-कक्ष में सबसे ऊँचे स्थान पर बैठे और उन्होंने एकदम पारदर्शी काँच के जाम से शराब पी। केवल सच्चे प्रेमी ही इस जाम से पी सकते थे, क्योंकि झूठे होंठों द्वारा छुए जाने पर इसका रंग धूसर, फीका और बादलों जैसा पड़ जाता था।

"बिल्कुल स्पष्ट है कि वे दोनों इक-दूजे से प्रेम करते हैं," छोटे परिचर ने कहा "बिल्कुल काँच की तरह निर्मल!" और राजा ने उसका वेतन दूसरी बार फिर दो-गुना कर दिया। "कितना बड़ा सम्मान है यह!" दरबारी चिल्लाए।

दावत के बाद नृत्य भी होना था। दूल्हा-दुल्हन को इकट्ठे गुलाब-नृत्य भी करना था, और राजा ने बाँसुरी बजाने का वादा भी किया था। उसने बहुत बुरी बाँसुरी बजाई, लेकिन किसी ने उसे यह बताने का साहस कभी किया ही नहीं था, क्योंकि वह राजा था। वास्तव में उसे केवल दो ही धुनें निकालनी आती थीं और वह कभी भी निश्चित रूप से बता नहीं पाता था कि वह कौन -सी धुन निकाल रहा होता था, लेकिन हर दरबारी चिल्ला उठा, "वाह वाह! वाह वाह!"

कार्यक्रम की अंतिम कड़ी थी, पटाख़ों की भव्य प्रदर्शनी जो कि ठीक आधी रात को आरम्भ होने वाली थी। नन्हीं राजकुमारी ने अपने जीवन में कभी पटाख़ा देखा ही नहीं था, इस लिए राजा ने आदेश दिए थे कि शाही आतिशबाज़ राजकुमारी की शादी के दिन विशेष रूप से हाज़िर रहे।

"कैसे होते हैं पटाख़े?" एक सुबह जब वह खुली छत पर सैर कर रहे थे, राजकुमारी ने राजकुमार से पूछा था। "पटाख़े उत्तर-ध्रुवीय ज्योति जैसे होते हैं।" उत्तर राजा ने दिया था जो सदा अन्य लोगों से पूछे जाने वाले प्रश्नों के उत्तर स्वयं देता था, "केवल पटाख़े अधिक प्राकृतिक होते हैं और मैं उन्हें सितारों से अधिक तर्जीह देता हूँ, क्योंकि आपको हमेशा पता होता है कि ये (पटाख़े) प्रकट कब होने जाने रहे हैं और ये मेरी बाँसुरी की तरह ही आनन्ददायक भी होते हैं। तुम्हें पटाख़े अवश्य देखने चाहिए।"

इसलिए राजा के उद्यान के छोर पर मंच -सा लगवाया गया और जैसे ही शाही आतिशबाज़ ने हर वस्तु सही स्थान पर रख दी, पटाख़ों ने आपस में बतियाना शुरू कर दिया।

"निश्चित रूप से संसार बेहद सुन्दर है।" एक नन्हीं फुलझड़ी ने कहा "देखो तो वो पीले ट्यूलिप। क्यों!

अगर वे सचमुच के पटाख़े होते तो इतने सुन्दर नहीं होते। मुझे बहुत ख़ुशी है कि मैं बहुत घूमी -फिरी हूँ। यात्रा आश्चर्यजनक ढंग से दिमाग़ को बेहतर बनाती है, और सभी पूर्वग्रहों से मुक्त करती है।"

"मूर्ख फुलझड़ी! राजा का उद्यान ही तो संसार नहीं है," एक बड़ी रोमन बत्ती ने कहा, "संसार तो बहुत बड़ी जगह है जिसे पूरी तरह से देखने के लिए तुम्हें तीन दिन लगेंगे।"

"वह कोई भी स्थान जिसे आप प्यार करते हैं, आपके लिए संसार है।" एक उदास चकरी ने कहा जो अपने आरम्भिक जीवन में एक पुराने डिब्बे से दिल लगा बैठी थी और अपने टूटे हुए दिल पर गर्वित रहती थी ; "परन्तु आजकल प्रेम फ़ैशन में नहीं है, कवियों ने प्रेम की हत्या कर दी है। उन्होंने प्रेम के बारे में इतना अधिक लिखा है कि किसी को उन पर विश्वास ही नहीं रहा है, और मैं स्वयं भी अचम्भित नही हूँ। सच्चे प्रेम को यन्त्रणाएँ झेलनी ही पड़ती हैं और वह मौन रहता है। मुझे स्वयं याद है एक बार ... लेकिन अब इसका कोई अर्थ भी नहीं है। रोमांस अब अतीत की बात है।" "बकवास! " रोमन बत्ती बोली "रोमांस कभी मरता नहीं। यह चाँद-सा होता है। उदाहरण के लिए: दूल्हा और दुल्हन इक-दूजे से बहुत, प्रेम करते हैं। मैंने आज सुबह ही एक भूरे क़ाग़ज़ वाले कारतूस से उनके

बारे में सब कुछ सुना है। कारतूस मेरे ही ड्रॉअर में ठहरा हुआ था, और उसे दरबार की ताज़ा ख़बरें मालूम थीं।"

परन्तु चकरी ने असहमति में सर हिलाया। "रोमांस मर चुका है, रोमांस मर चुका है, रोमांस मर चुका है," वह बड़बड़ाई। वह उन लोगों में से थी जो सोचते हैं कि बार-बार दोहरा कर कही जाने वाली बात अन्ततः सत्य हो जाती है।

तभी एक तीखी और सूखी खाँसी सुनाई दी, और वे सब उधर देखने लगे। यह खाँसी थी एक लम्बे, दंभी रॉकेट की जो एक लम्बी छड़ी के सिरे से बँधा था। अपनी राय प्रकट करने से पहले वह हमेशा खाँसता था, मानो ध्यान आकर्षित के लिए। "अहम! अहम! " उसने कहा, और सबके कान खड़े हो गए, बेचारी चकरी के इलावा, जो अभी भी अपना सर असहमति में हिलाए जा रही थी और बड़बड़ाए जा रही थी "रोमांस मर चुका है। "

"ऑडर!ऑडर! एक पटाखा चिल्लाया। वह राजनेता जैसा कुछ था, और स्थानीय चुनावों में सदा महत्वपूर्ण भूमिका निभाता था, इसलिए उसे सभी संसदीय भंगिमाओं का प्रयोग करना आता था।"

"बिल्कुल मर चुका है" चकरी बुदबुदाई और सो गई।

सम्पूर्ण शांति होते ही रॉकेट तीसरी बार खाँसा। वह बहुत धीमी, स्पष्ट आवाज़ में बोल रहा था मानो अपना जीवन-वृत्त लिखवा रहा रहा हो, और वह हमेशा जिससे बात कर रहा होता उसके काँधे के पार ही देखता था। वास्तव में उसका अपना एक उत्कृष्ट अंदाज़ था। "राजकुमार का कितना बड़ा सौभाग्य है", उसने कहा,"कि उसकी शादी उसी दिन हो रही है जिस दिन मुझे छोड़ा जाना है। सच, अगर इस शादी का आयोजन पहले किया गया होता, तो यह उसके लिए शुभ सिद्ध नहीं होता; परन्तु, राजकुमार हमेशा भाग्यशाली होते हैं।"

"प्यारे!" नन्ही फुल्झड़ी ने कहा, "मैं तो बिल्कुल उलट सोच रही थी, और यह सोच रही थी कि हमें राजकुमार के सम्मान में चलाया जाएगा।"

"ऐसा तुम्हारे साथ हो सकता है," उसने उत्तर दिया; " वास्तव में मुझे इसमें कोई सन्देह भी नहीं है, लेकिन मेरी बात और है। मैं तो बहुत विशिष्ट रॉकेट हूँ, और बहुत विशिष्ट माँ-बाप की संतान हूँ। मेरी माता जी अपने समय की प्रख्यात चकरी थीं और अपने भव्य नृत्य के लिए प्रसिद्ध थीं। अपनी महान सार्वजनिक प्रदर्शनी में जल-बुझने से पहले उन्होंने उन्नीस चक्कर लगाए थे और हर चक्कर में सात गुलाबी सितारे हवा में छोड़े थे। वह अपने व्यास में साढ़े तीन फ़ुट थीं, और

सर्वोत्तम बारूद से निर्मित थीं। मेरे पिता जी भी मेरी ही तरह एक रॉकेट थे और फ़्रांसिसी वंश के थे। वे इतने उँचे उड़े कि लोग डर गए कि वे कभी लौटेंगे ही नहीं। लेकिन वे लौटे, क्योंकि वे बहुत दयालु थे, सुनहरी बरसात की फुहार के साथ यह उनका भव्यतम अवरोहण था। समाचार-पत्रों ने उनके प्रदर्शन के बारे में बहुत लच्छेदार भाषा का प्रयोग किया था। वास्तव में दरबारी राजपत्र ने उन्हें 'आशिक़बाज़ी' कला की विजय माना था।"

"आतिशबाज़ी, आतिशबाज़ी, आपका अभिप्राय है," बंगाली चिराग़ ने कहा "मैं जानता हूँ यह शब्द 'आतिशबाज़ी' है, क्योंकि यह शब्द मैंने अपने कनस्तर पर लिखा देखा है।"

"मैंने कहा 'आतिशबाज़ी ;" रॉकेट ने कठोर स्वर में उत्तर दिया और बंगाली चिराग़ ने स्वयं को इतना दमित अनुभव किया कि उसने एकदम छोटे पटाखों को धमकाना शुरू कर दिया यह दिखाने के लिए कि वह अभी भी कुछ महत्व का है।

"हाँ, तो मैं कह रहा था," रॉकेट अपनी बात को जारी रखते हुए बोला, "मैं कह रहा था -मैं क्या कह रहा था?"

"आप अपने बारे में बात कर रहे थे।" रोमन बत्ती ने उत्तर दिया। "बेशक ; मैं जानता हूँ, मैं किसी बहुत

रुचिकर विषय पर बात कर रहा था जब मुझे इतनी अभद्रता से बीच में टोका गया था। मुझे घृणा है हर प्रकार की अभद्रता और अशिष्टता से। क्योंकि मैं बहुत संवेदनशील हूँ। समूचे संसार में मुझ जैसा संवेदनशील व्यक्ति और कोई नही हैं, मुझे विश्वास है।"

"संवेदनशील व्यक्ति क्या होता है ? "एक फुलझड़ी ने रोमन बत्ती से पूछा।

"वह व्यक्ति जिसे घट्ठे तो अपने पैरों की उँगलियों में होते हैं, लेकिन वह कुचलता दूसरों के पाँवों की उँगलियों को है।" रोमन बत्ती ने हौले से फुसफुसा कर उत्तर दिया। और फुलझड़ी हँसी के मारे लगभग खिल ही उठी।"

"कितना संवेदनशील व्यक्ति होता है वह!"फुलझड़ी ने रोमन बत्ती से कहा। "कृपया बताएँगी कि आपको हँसी किस बात पे आ रही है? मैं तो बिल्कुल नहीं हँस रहा।"

"मैं हँस रही हूँ क्योंकि मैं ख़ुश हूँ।" फुलझड़ी ने उत्तर दिया।

"यह तो बहुत स्वार्थी उत्तर है," रॉकेट ने क्रोधित होकर कहा। "तुम्हें प्रसन्न होने का अधिकार ही क्या है? तुम्हें औरों के बारे में सोचना चाहिए। वास्तव में, तुम्हें मेरे बारे में सोचना चाहिए। मैं सदा अपने बारे

में सोचता हूँ, और मैं सबसे अपेक्षा भी यही करता हूँ कि वे मेरे ही बारे में सोचें। इसे कहते हैं सहानुभूति। यह बहुत सुन्दर सद्गुण है, और मैं इसका स्वामी हूँ। उदाहरण के लिए मान लो आज की रात मुझे कुछ हो जाए, तो यह औरों के लिए कितना बड़ा दुर्भाग्य होगा! राजकुमार और राजकुमारी फिर कभी ख़ुश नहीं रह पाएँगे, उनका समूचा वैवाहिक जीवन नष्ट हो जाएगा; जहाँ तक राजा की बात है, मैं जानता हूँ कि वह इस सदमे से बाहर आ ही नहीं पाएगा। सच, जब मैं अपनी स्थिति की महत्ता के बारे में सोचता हूँ, तो मेरे आँसू ही निकल आते हैं।"

"अगर आप दूसरों को ख़ुशी देना चाहते हैं" रोमन - बत्ती चिल्लाई, "तो बेहतर होगा कि आप सवयं को सूखा रखें।" "निश्चित रूप से!" बंगाली चिराग़ जो अब अच्छे मिज़ाज में था, ने विस्मित हो कर कहा, "एक मात्र सामान्यबुद्धि तो यही है। "सामान्यबुद्धि, वास्तव में!" रॉकेट ने क्रुद्ध होकर कहा, "तुम भूल रहे हो कि मैं बहुत असाधारण हूँ, और बहुत विशिष्ट। क्योंकि सामान्यबुद्धि तो किसी के पास भी हो सकती है, अगर उनकी कल्पना शक्ति उनका साथ न दे तो। परन्तु मैं बहुत कल्पनाशील हूँ, क्योंकि मैं चीजों को उनकी वास्तविकता में नहीं देखता; मैं उनकी भिन्नता के बारे में सोचता हूँ। जहाँ तक अपने आप को सूखा रखने

की बात है, यहाँ प्रत्यक्षत: किसी भावुक प्रकृति को समझने वाला कोई है ही नहीं। भाग्यवश, मुझे अपनी कोई चिन्ता नहीं है। एक ही चीज़ जो किसी को उसके जीवन में बनाए रखती है, वह है, प्रत्येक अन्य व्यक्ति की अत्याधिक हीनता के प्रति चेतना और यही भावना है जिसे मैंने सदा अपने हृदय में पोषित किया है। लेकिन तुम में से किसी के भी पास हृदय तो है नहीं। यहाँ तुम इस तरह हँस रहे हो और मज़े कर रहे हो मानो राजकुमार और राजकुमारी की शादी हुई ही न हो।"

"अच्छा! सच!" एक छोटे - से आग के गुब्बारे ने विस्मय प्रकट किया, "क्यों नहीं ? यह तो अत्याधिक हर्ष का अवसर है और मैं चाहता हूँ जब मैं हवा में ऊँचा उड़ूँ तो सितारों को भी समाचार दूँ। आप सितारों को टिमटिमाता हुआ देखेंगे जब मैं उन्हें सुन्दर दुल्हन के बारे में बताऊँगा।"

"कितना तुच्छ जीवन दर्शन है!" रॉकेट ने कहा; "परन्तु यह मेरी आशा के ही अनुरूप है। तुममें है ही क्या? तुम खोखले और ख़ाली हो। क्यों, हो सकता है राजकुमार और राजकुमारी किसी ऐसे देश में चले जाएँ जहाँ एक बहुत गहरी नदी हो, और हो सकता है उनके यहाँ राजकुमार की ही तरह सुन्दर बालों और नीलपुष्पी आँखों वाला एक मात्र पुत्र, जन्म ले और हो सकता है कि अपनी आया के साथ वह सैर के लिए

जाए; और हो सकता है कि आया किसी बड़े-बूढ़े पेड़ के नीचे सो जाए; और हो सकता है कि नन्हा बालक नदी में डूब जाए। कितना भयानक दुर्भाग्य होगा! बेचारे लोग, इकलौता पुत्र खो देना! यह तो सचमुच बहुत भयानक है! मैं तो ऐसे सदमे से उबर ही नहीं पाऊँगा।"

"लेकिन उन्होंने अपना इकलौता बेटा नहीं खोया है," रोमन बत्ती ने कहा; "उनके साथ कोई अनर्थ हुआ ही नहीं है।"

"मैंने कभी नहीं कहा कि उनके साथ कोई अनर्थ हुआ है," रॉकेट ने उत्तर दिया, "मैंने कहा उनके साथ हो सकता है। अगर उन्होंने अपना इकलौता बेटा खोया होता तो इस विषय में कुछ कहना ही व्यर्थ होता। बीती बातों पर रोने वालों से मुझे घृणा है। लेकिन जब मैं सोचता हूँ कि वे अपना इकलौता बेटा खो सकते हैं तो मैं बहुत द्रवित हो उठता हूँ।"

"आप सचमुच बहुत द्रवित हैं!" बंगाली चिराग़ चिल्लाया, "वास्तव में मैंने आपसे अधिक द्रवित व्यक्ति कभी देखा ही नहीं।"

"और मैंने तुमसे अधिक उजड्ड व्यक्ति नहीं देखा," रॉकेट ने कहा, "और तुम राजा के साथ मेरी मित्रता को कभी समझ भी नहीं पाओगे।"

"आप तो राजा को जानते भी नहीं।" रोमन-बत्ती गुर्राई।

"मैंने कभी नहीं कहा मैं राजा को जानता हूँ" रॉकेट ने उत्तर दिया, "मुझमें यह कहने का साहस है कि अगर मैं उसे जानता होता तो मैं उसका मित्र हो ही नहीं सकता था। अपने मित्रों को जानना सबसे ख़तरनाक बात है।"

"बेहतर होगा आप सचमुच स्वयं को सूखा रखें," आग के ग़ुब्बारे ने कहा। "यह सबसे ज़रूरी है।"

"तुम्हारे लिए बेहद ज़रूर है, इसमें मुझे कोई सन्देह नहीं," रॉकेट ने उत्तर दिया, "लेकिन मैं तो अपनी मर्ज़ी से रोऊँगा;" और सचमुच उसके असली आँसू निकल आए जो उसकी डंडी तक बारिश की बूँदों की तरह बह निकले और उन आँसुओं ने दो भोरों को लगभग डुबो दिया जो इकट्ठे अपना घर बसाने के बारे में सोच ही रहे थे, और रहने के लिए किसी बढ़िया सूखी जगह की तलाश में थे।

"यह तो सचमुच रूमानी प्रकृति का होगा," चकरी ने कहा, "क्योंकि यह तो तब भी रो लेता है जब रोने जैसी कोई बात ही नहीं होती;" उसने गहरी उच्छ्वास भरी, और अपने डिब्बे को बहुत याद किया।

लेकिन रोमन बत्ती और बंगाली चिराग़ बहुत क्रुद्ध

थे और अपनी ऊँची आवाज़ों में "छल-कपट! छल-कपट!" कहे जा रहे थे।

वे अत्याधिक व्यावहारिक थे और उन्हें जब भी किसी चीज़ से एतराज़ होता वे इसे 'छल-कपट' कहा करते थे।

तभी चाँदी की अद्भुत ढाल की तरह चाँद निकल आया: सितारे चमक उठे, और संगीत की धुनें राजमहल में बज उठीं।

राजकुमार और राजकुमारी नृत्य में सबसे आगे थे। वे इतना सुन्दर नाच रहे थे कि लम्बी सफ़ेद कुमुदिनियाँ खिड़कियों से झाँक-झाँक कर उन्हें देख देख रही थीं और पोस्त के लाल बड़े-बड़े फूल झूमते हुए अपना समय बिता रहे थे।

फिर दस बज गए, फिर ग्यारह, फिर बारह, और फिर आधी रात के गजर पर सब लोग अपने अपने घरों की छतों पर आ गए और राजा ने शाही आतिशबाज़ को बुलवा भेजा।

"पटाख़े शुरू किए जाएँ," राजा ने कहा ; और शाही आतिशबाज़ ने राजा को झुक कर सलाम किया, और उद्यान के छोर की ओर बढ़ चला। उसके साथ छः परिचर थे जिनके हाथों में मशालें थीं।

प्रदर्शन वास्तव में बहुत उत्कृष्ट था।

विज़्ज़! विज़्ज़! चली चकरी, गोल-गोल घूमती हुई। "बूम! बूम! चली रोमन-बती। सारे उद्यान में नाचीं फुलझड़ियाँ, बंगाली चिराग़ जला तो हर चीज़ सिंदूरी लाल दिखाई दी। आसमान की ओर तेज़ी से उड़ते आग के ग़ुब्बारे ने अलविदा कही। भड़ाम! भड़ाम! उत्तर दिया मस्त पटाख़ों ने। रॉकेट के अलावा हर पटाख़ा सफल रहा। रो-रो कर वह इतना सील गया था कि वह चल ही नहीं पाया। बारूद उसकी बेहतरीन शक्ति थी लेकिन आँसुओं ने उसे इतना गीला कर दिया था कि वह किसी काम का नहीं रहा उसके सब ग़रीब सम्बन्धी, जिनसे वह कभी बात भी नहीं करना चाहता था और जिनसे वह केवल घृणा करता था, आग के फूलों की सुनहरी मंजरियों की तरह आकाश की ओर छूटे। "वाह! वाह!" दरबारी चिल्लाए और नन्हीं राजकुमारी आनन्दित हो कर हँस पड़ी।

"मुझे लगता है कि वे मुझे किसी और भव्य अवसर के लिए सुरक्षित रख रहे हैं," रॉकेट ने कहा, "निःसन्देह इसका यही अभिप्राय है," और वह पहले से भी कहीं अधिक उजड्ड दिखाई दे रहा था।

अगले दिन नौकर सफ़ाई के लिए आए। "यह निश्चय ही राजा का प्रतिनिधि मण्डल है," रॉकेट ने कहा; "मैं उनका उचित गरिमा से स्वागत करूँगा," इसलिए उसने अपनी नाक हवा में कर ली और बड़े

कठोर ढँग से अपनी भवें तान लीं मानो वह किसी बहुत महत्वपूर्ण विषय पर मनन कर रहा हो। परन्तु उन्होंने उसे देखा तक नहीं बस जाते जाते एक नौकर ने उसे उठा कर कहा, "हैलो!" वह चिल्लाया, "कितना खोटा रॉकेट है यह!" और उसने रॉकेट को दीवार से परे की गन्दी नाली में फेंक दिया।

"खोटा रॉकेट ? खोटा रॉकेट? " हवा में झूलते हुए उसने कहा ; "असम्भव! खरा रॉकेट! यही कहा था उस आदमी ने। खोटा और खरा शब्द एक ही जैसे सुनाई देते हैं, वास्तव में दोनों का अर्थ भी एक ही होता है" ; और वह कीचड़ में जा गिरा।

"यहाँ तो बिल्कुल भी आराम नहीं है," उसने कहा,"लेकिन बेशक यह पानी का अद्भुत स्थान है, और उन्होंने मुझे स्वास्थ्य-लाभ के लिए यहाँ भेजा है। सचमुच मेरी नसें बहुत टूट-फूट चुकी हैं, और मुझे आराम की ज़रूरत है। "

तभी चमकती हुई रत्नित आँखों और हरे चित्तीदार कोट वाला एक मेंढ़क तैरता हुआ उसकी ओर बढ़ा। "नए आए हो? मैं देख रहा हूँ!" मेंढ़क ने कहा, "कीचड़ से शानदार जगह कोई हो ही नहीं सकती। मुझे तो बरसात का मौसम और एक नाली दे दो, और मुझसे अधिक प्रसन्न कोई और हो ही नहीं सकता। तुम्हें लगता है दोपहर बाद बारिश होगी? पक्का होगी, मुझे

आशा है, लेकिन आसमान काफ़ी नीला और बादल -रहित है। कितनी बुरी बात है! "

"अहम! अहम!" रॉकेट ने कहा और उसने खाँसना शुरू किया।

"कितनी आनन्दप्रद आवाज़ है आपकी!" मेंढ़क टर्राया। "वास्तव में यह तो मेरी टर्टराहट की तरह है, और बेशक टर्टराहट विश्व की सबसे अधिक संगीतमयी ध्वनि है। आज शाम को आप हमारी उल्लास-सभा का संगीत सुनेंगे। हम किसान के घर के पास वाले बतख़ों के तालाब में बैठते हैं और चाँद निकलते ही हमारा संगीत शुरू हो जाता है यह संगीत इतना सम्मोहक होता है कि हमें सुनने के लिए लोग जगे रहते हैं। वस्तव में, कल ही तो किसान की पत्नी को मैंने कहते हुए सुना कि वह हमारी वजह से एक क्षण भी सो नहीं पाई। कितना सुखद होता है अपनी ऐसी लोकप्रियता!"

"अहम! अहम!" रॉकेट क्रुद्ध होकर बोला। वह बहुत क्षुब्ध था क्योंकि वह एक भी शब्द समझ नहीं पाया था।

"बहुत ही आनन्दप्रद आवाज़, निश्चित रूप से" मेंढ़क कहता रहा : "मुझे आशा है कि आप बतख़ों के तालाब में ज़रूर आयेंगे। मैं अपनी बेटियों की रखवाली करने जा रहा रहा हूँ। मेरी छः सुन्दर बेटियाँ

हैं, मुझे ख़तरा है कि उन्हें कहीं पाइक मछली न मिल जाए। वह तो सम्पूर्ण दैत्य है, जिसे उनका नाश्ता करने में कोई झिझक नहीं होगी। अच्छा, अलविदा ; मैं आपको विश्वास दिलाता हूँ कि मैंने हमारे वार्तालाप का भरपूर आनन्द उठाया है।"

"वार्तालाप, सच! " रॉकेट ने कहा, "सारा समय तो तुम बोलते रहे। यह तो वार्तालाप नहीं होता।"

"कोई सुने भी तो," मेंढ़क ने उत्तर दिया" और मुझे तो हर समय बोलते रहना अच्छा लगता है। इससे समय बचता है और तर्क- वितर्क से बचा जा सकता है।"

"लेकिन मुझे तो तर्क-वितर्क पसन्द है" रॉकेट ने कहा। "मुझे आशा है, ऐसा नहीं है।" मेंढ़क ने आत्म-मुग्ध भाव से कहा। "तर्क-वितर्क तो अत्याधिक अशोभनीय होते हैं, क्योंकि अच्छे समाज में सब लोगों का मत एक ही रहता है। आपको दूसरी बार अलविदा; मुझे अपनी बेटियाँ दूर दिखाई दे रही हैं," कह कर नन्हा मेंढ़क वहाँ से भाग लिया।

"तुम तो बहुत इरिटेटिंग व्यक्ति हो," रॉकेट ने कहा, "और बहुत अशिष्ट भी। मुझे घृणा है ऐसे लोगों से जो केवल अपने ही बारे में बात करते हैं जैसे कि तुम करते हो, जब कोई अपने बारे में बात करना चहता है, जैसे कि मैं चाहता हूँ। इसे मैं स्वार्थपरकता कहता हूँ और स्वार्थपरकता सबसे घृणित वस्तु है विशेष रूप से

मेरे जैसे स्वभाव के व्यक्ति के लिए, क्योंकि मैं अपनी सहानुभूतिपरक प्रकृति के लिए प्रख्यात हूँ। वास्तव में तुम्हें मुझसे कुछ सीखना चाहिए; मुझसे बेहतर उदाहरण संभवत: तुम्हें न मिले। अब तुम्हें अवसर मिला ही है तो इसका लाभ तुम्हें उठाना चाहिए, क्योंकि मैं बहुत जल्द दरबार को लौट जाने वाला हूँ, दरबार में मैं बहुत बड़ा कृपापात्र हूँ ; दरअसल, राजकुमार और राजकुमारी ने मेरे सम्मान में विवाह किया। बेशक, तुम्हें ऐसी बातों की भनक भी नहीं लगी होगी अगर तुम देहाती हो तो।"

"उससे बात करने का कोई फ़ायदा नहीं है," बहुत बड़े भूरे नरकुल की चोटी पर बैठे चिउरे ने कहा, "कोई फ़ायदा नहीं है, क्योंकि वह तो जा चुका है।"

"ठीक है, यह उसका अपना नुक़सान है, मेरा नहीं," रॉकेट ने कहा, "सिर्फ़ इसलिए कि वह ध्यान से नहीं सुनता, मैं तो उससे बातें करना बन्द नहीं करने वाला। मुझे ख़ुद को बोलते हुए सुनना बहुत अच्छा लगता है। यह तो मेरे सर्वोत्तम सुखों में से एक है। मैं प्राय: स्वयं से लम्बे-लम्बे वार्तालाप करता हूँ, और मैं इतना चालाक हूँ कि कई बार तो मुझे अपने कहे हुए का भी कोई शब्द समझ नहीं आता।"

"तब तो आपको दर्शनशास्त्र पर सम्भाषण देना चाहिए," चिउरे ने कहा और अपने सुन्दर जालीदार पर फैला कर आसमान में जा उड़ा।

"कितना मूर्ख है कि यहाँ रुका ही नहीं!" रॉकेट ने कहा,"ज़रूर उसे कभी अपने मस्तिष्क को सुधारने का ऐसा अवसर नहीं मिला होगा। फिर भी मुझे परवाह नहीं है। मेरी प्रतिभा को एक दिन तो लोग समझेंगे ही"; और वह कीचड़ में ज़रा-सा और धँस गया।

कुछ समय बाद एक बहुत बड़ी सफ़ेद बतख़ तैरती हुई उसके पास आई। उसकी टाँगें पीली थीं और जालीदार पँजे थे और अपनी चहल-क़दमी के लिए बहुत सुन्दर मानी जाती थी।

"क्वैक, क्वैक, क्वैक," उसने कहा। "कितने अजीब आकार के हो तुम भी! क्या मैं पूछ सकती हूँ कि तुम ऐसे ही जन्मे थे, या फिर दुर्घटना हुई थी"?"

"ज़ाहिर है तुम सदा देहात में रही हो," रॉकेट ने उत्तर दिया, "नहीं तो तुम ज़रूर जानती कि मैं कौन हूँ, फिर भी मैं तुम्हारी अज्ञानता को क्षमा करता हूँ। अन्य लोगों से हमारा अपने जैसी विशिष्टता की माँग अन्यायपूर्ण है अन्यायपूर्ण है। बेशक तुम्हें तो यह सुन कर भी हैरानी नहीं होगी कि मैं आसमान में उड़ कर सुनहरी बारिश की बौछार की तरह नीचे भी आ सकता हूँ।"

"मैं इसके बारे में ज़्यादा नहीं सोचती," बतख़ बोली, "क्योंकि मुझे इसमें किसी का कोई फ़ायदा नहीं दिखता। हाँ, अगर तुम बैल की तरह खेतों में हल चला पाते, या घोड़े की तरह छकड़ा खींच पाते, या गडरिए के कुत्ते की तरह भेड़ों की रखवाली कर पाते, तो कुछ बात भी बनती।"

"मेरे अच्छे प्राणी! "अपने दंभपूर्ण स्वर में रॉकेट चिल्लाया, "ज़ाहिर है कि तुम बहुत निम्न वर्ग से हो। मेरे स्तर का व्यक्ति कभी लाभदायक नहीं होता। हमारे पास कुछ उपलब्धियाँ होती हैं, और हमारे लिए यही पर्याप्त होती हैं। मुझे किसी तरह की कोई सहानुभूति नहीं है परिश्रम से जिसकी तुम संस्तुति कर रही हो। मेरा मानना तो सदा यह रहा है कि परिश्रम केवल उन लोगों की शरणस्थली है जिनके पास करने के लिए कुछ भी नहीं होता।"

"ठीक है ठीक है," शांत स्वभाव की बतख़ ने, जिसने कभी किसी से झगड़ा किया ही नहीं था, कहा, "हर व्यक्ति की अपनी अभिरुचियाँ होती हैं। मुझे आशा है कि किसी भी तरह तुम अब यहीं रुकोगे।"

"ओह, नहीं प्रिय, रॉकेट चिल्लाया, "मैं तो बस एक अतिथि हूँ, एक विशिष्ट अतिथि। तथ्य तो यही है कि मुझे यह जगह कुछ ज़्यादा ही उबाऊ लग रही है। यहाँ न तो उच्च वर्ग के लोग हैं और न ही यहाँ एकान्त

है। वास्तव में यह स्थान संकीर्ण -सा लग रहा है। मैं संभवत: दरबार को लौट जाऊँगा, क्योंकि मैं जानता हूँ कि संसार में सनसनी फैलाना ही मेरी नियति है।"

"मैं स्वयं भी कभी सार्वजनिक जीवन में आना चाहती थी." बतख़ ने कहा, "बहुत सारी चीज़ों में सुधार की ज़रूरत है। वास्तव में,मैंने कुछ समय पहले एक सभा में एक पद ग्रहण किया और हमने हर चीज़ जो हमें पसन्द नहीं थी, के लिए दण्ड का प्रस्ताव भी पारित कर दिया था। बेशक उनका कोई फ़ायदा होता नज़र नहीं आया और अब मैं अपनी गृहस्थी में, अपने परिवार की देख रेख करती हूँ।"

"मेरा तो जन्म ही सार्वजनिक जीवन के लिए हुआ है," रॉकेट ने कहा, "और मेरे सम्बन्धी भी मुझ जैसे ही हैं, यहाँ तक कि सबसे तुच्छतम भी सार्वजनिक जीवन के लिए ही हैं। हम जब भी सार्वजनिक होते हैं, तो अत्याधिक आकर्षक और उत्तेजक होते हैं हैं। मैं अभी स्वयं तो सार्वजनिक नहीं हुआ हूँ लेकिन जब मैं सार्वजनिक हो जाऊँगा तो दृश्य अद्भुत होगा। रही बात गृहस्थी की, वह तो आपको बहुत जल्दी बूढ़ा कर देती है और ऊँची चीज़ों से आपके मस्तिष्क को भटका देती है।

"अहा!! जीवन की उच्चतर चीज़ें, कितनी बढ़िया होती हैं!" बतख़ ने कहा, "और इससे मुझे याद आ

गया, मुझे कितनी भूख लगी है," और वह प्रवाह के साथ-साथ तैरती हुई दूर चली गई, "क्वैक, क्वैक, क्वैक," कहती हुई।

"लौट आओ! लौट आओ!" रॉकेट चिल्लाया, "तुमसे कहने के लिए मेरे पास बहुत कुछ है"; परन्तु बतख़ ने कोई ध्यान नहीं दिया। "मुझे ख़ुशी है कि वह जा चुकी है," उसने स्वयं से कहा,"पक्का, उसके पास मध्यवर्गीय दिमाग़ है"; और वह ज़रा-सा और गहरे कीचड़ में धँस गया, और एक प्रतिभाशाली व्यक्ति के अकेलेपन के बारे में सोचने लगा। तभी कुर्ते पहने हुए दो छोटे- छोटे बालक किनारे पर आए जिनके हाथों में एक केतली और कुछ लकड़ियों थीं।

"ज़रूर यह कोई प्रतिनिधि मण्डल होगा," रॉकेट ने कहा और उसने बहुत गरिमापूर्ण दिखने का प्रयास किया।

"हैलो! " एक लड़का चिल्लाया, "देखो यह पुरानी छड़ी! मुझे हैरानी है यह यहाँ आई कैसे!"; और उसने रॉकेट को नाली से उठा लिया।

"पुरानी छड़ी!" रॉकेट ने कहा, "असम्भव! सुहानी छड़ी, यही कहा था उसने। 'सुहानी छड़ी' तो बहुत सम्मान सूचक शब्द है। वास्तव में वह मुझे दरबार की हस्तियों में से ही एक समझ रहा है!"

"आओ इसे जलाएँ!" दूसरे बालक ने कहा, "इससे केतली उबालने में मदद मिलेगी।"

उन्होंने लकड़ियां इकट्ठी कीं, और उनके ऊपर रॉकेट को रखा और आग जला दी।

"यह तो बहुत भव्य है " रॉकेट चिल्लाया, "ये लोग मुझे दिन दिहाड़े चलाने वाले हैं , दिन की रोशनी में, ताकि सब मुझे देख सकें।"

"अब हम सो जाएँगे," उन्होंने कहा, "और जब हम जागेंगे केतली उबल चुकी होगी," और वे घास पर लेट गए और उन्होंने अपनी आँखें बन्द कर लीं।

रॉकेट बहुत गीला था, इसलिए उसने आग पकड़ने में बहुत समय लिया। अन्ततः आग ने उसे पकड़ लिया।

"अब मैं जा रहा हूँ!" वह चिल्लाया, और उसने स्वयं को अकड़ा कर बिल्कुल सीधा कर लिया। "मैं जानता हूँ मैं सितारों से भी कहीं उँचा जाऊँगा, चाँद से भी कहीं ऊँचा, सूरज से भी कहीं अधिक ऊँचा। वास्तव में मैं इतना ऊँचा जाऊँगा कि..."

फ़िज़्ज़ फ़िज़्ज़! फ़िज़्ज़! और वह सीधे हवा में बहुत ऊँचा चला गया।

"आनन्दप्रद! " वह चिल्लाया. "मैं हमेशा इसी तरह ऊपर जाऊँगा। कितना सफल हूँ मैं! "

परन्तु उसे किसी ने नहीं देखा।

तब उसे अपने आप में जलन भरी सनसनी महसूस होने लगी।

"मैं फूटने वाला हूँ," वह चिल्लाया,"मैं सारी दुनिया को चकाचौंध कर दूँगा, और ऐसा शोर करूँगा कि सालों-साल कोई और कोई बात ही नहीं करेगा।"

और उसमें विस्फ़ोट हुआ भी। "भड़ाम! भड़ाम। भड़ाम! करके बारूद जल उठा, निःसन्देह।

लेकिन किसी ने उसे फूटते हुए नहीं सुना। दो नन्हें बालकों ने भी नहीं। वह तो गहरी नींद में थे।

फिर तो बस रॉकेट की केवल छड़ी बची थी, और यह छड़ी गिरी नाली के किनारे टहल रही बतख़ की पीठ पर।

"हे भगवान!" बतख़ चिल्लाई, "छड़ियों की बारिश होने वाली है"; और वह पानी के भीतर चली गई।

"मैं जानता था मैं बहुत बड़ी सनसनी फैलाऊँगा ही।" एक गहरी साँस खींचकर रॉकेट बुझ गया।

सुखी राजकुमार

नगर के सबसे ऊँचे स्थान पर, एक लम्बे स्तंभ पर खड़ा था सुखी राजकुमार का बुत। ऊपर से नीचे तक उस पर खरे सोने की बारीक पर्त चढ़ाई गई थी, आँखों के स्थान पर थीं दो दमकती हुई नीलमणियाँ, और एक बहुत बड़ा लाल माणिक्य चमचमाता था उसकी तलवार की मूठ पर।

वास्तव में, वह बहुत प्रशंसित था, "वह बात-सूचक जैसा सुन्दर है" एक नगर-पार्षद ने कहा जो अपने कलात्मक अभिरुचि सम्पन्न होने की प्रतिष्ठा अर्जित करने की इच्छा रखता था, " बस अधिक लाभ का नहीं है," डरते हुए कि कहीं लोग उसे अव्यावहारिक ही न समझ लें, उसने बात को आगे बढ़ाया, भले ही वह अव्यावहारिक था नहीं।

‘तुम सुखी राजकुमार जैसे क्यों नहीं हो सकते ?’ एक समझदार माँ ने अपने नन्हे बालक से पूछा जो चाँद माँग रहा था। “सुखी राजकुमार कभी कुछ नहीं माँगता।”

“मुझे ख़ुशी है कि दुनिया में एक आदमी तो ऐसा है जो क़ाफ़ी ख़ुश है,” एक निराश व्यक्ति अद्भुत बुत को ताकते हुए बुदबुदाया।

“वह बिल्कुल किसी देवदूत-सा लगता है!” चमकदार सिन्दूरी चोगों पर उजले सफ़ेद एप्रन पहने हुए, चर्च से लौटते हुए चैरिटी स्कूल के बच्चों ने कहा।

“तुम कैसे जानते हो ?” गणित अध्यापक ने पूछा, “तुमने तो कभी देवदूत को नहीं देखा,” “हाँ, हमने देखा है, अपने सपनों में,”बच्चों का जवाब था, और गणित अध्यापक की भृकुटी तन गई और वह बहुत कठोर दिखाई देने लगा क्योंकि उसे बच्चों का सपने देखना पसन्द नहीं था।

एक रात शहर में एक नन्हा अबाबील उड़ आया। उसके साथी-संगी छः सप्ताह पहले मिस्र जा चुके थे, लेकिन वह रुक गया था क्योंकि उसे एक अत्यन्त सुन्दर सरकंडी से प्रेम हो गया था।

वह उसे वसन्त ऋतु के आरम्भ में मिला था जब वह नदी के ऊपर उड़ रहे एक बड़े पीले पतंगे का पीछा

कर रहा था और सरकंडी की पतली कमर पर इतना मंत्र-मुग्ध हो गया कि उससे बात करने के लिए वहीं रुक रह गया था।

"क्या मैं तुमसे प्यार कर सकता हूँ ?" बिना लाग लपेट के अपनी बात कहने वाले अबाबील ने कहा था, और सरकंडी ने भी उसे झुककर अभिवादन किया था। अत: वह सरकंडी के इर्द गिर्द मण्डराता रहता था, पानी को अपने परों से छूते हुए, और नदी में चाँदी-सी लहरें उठाते हुए। यही था उसका प्रणय निवेदन और यह ग्रीष्म ऋतु तक चला था।

"यह तो हास्यस्पद लगाव है", अन्य अबाबीलों ने चहकते हुए कहा, "सरकंडी के पास कोई धन तो है नहीं है, और ऊपर से रिश्तेदारी भी बहुत है, " : और सचमुच नदी तो सरकंडों से अटी पड़ी थी। इसलिए पतझड़ के आते ही सब अबाबील फुर्र हो गए। उनके चले जाने के बाद उसने अपने आप को बहुत अकेला पाया, और अपनी प्रेयसी से भी उकताने लगा था। "यह वार्तालाप तो करती ही नहीं है, मुझे डर है यह कहीं दगाबाज़ तो नहीं, क्योंकि यह तो सदा हवा से ही चुहलबाज़ी करती रहती है।" और यह तो सच था ही कि हवा चलती तो सरकंडी अत्यन्त शालीन अभिवादन करती हुई दिखाई देती थी। "मैं मानता हूँ वह बहुत घरेलू है." उसने कहा, "लेकिन मुझे तो

घूमना-फिरना पसन्द है, और परिणामस्वरूप मेरी पत्नी को भी घूमना-फिरना पसन्द होना ही चाहिए।"

"क्या तुम मेरे साथ चलोगी?" अन्ततः उसने उससे कहा; लेकिन सरकंडी ने सर हिला दिया क्योंकि उसे अपने घर से बहुत लगाव था।

"तुम मेरे साथ खिलवाड़ करती आई हो," रोते हुए उसने कहा, "मैं पिरामिडों के देश जा रहा हूँ," और उड़ गया।

वह सारा दिन उड़ता रहा, और रात को वह शहर पहुँचा। "मैं रहूँगा कहाँ?" उसने कहाः "मुझे आशा है शहर ने मेरे रहने की तैयारी की है।"

तभी उसे ऊँचे स्तम्भ पर बुत दिखाई दिया।

"वहाँ रहूँगा मैं," वह चिल्लाया;"बहुत बढ़िया जगह है यह, ख़ूब ताज़ा हवादार, इसलिए उसने सुखी राजकुमार के पैरों के ठीक बीचों-बीच अपनी अपनी उड़ान को विश्राम दिया।

"मेरा शयन-कक्ष तो सुनहरा है" चारों ओर देखते हुए उसने अपने-आप से कहा और सोने की तैयारी करने लगा; लेकिन वह अपना सर अपने परों में छुपाने ही वाला था कि पानी की एक बूँद उस पर गिरी। "विचित्र बात है!" वह चिल्लाया," आसमान में एक भी बादल नहीं, तारे चमक रहे हैं, और फिर भी बारिश हो रही

है। उत्तरी यूरोप का मौसम तो सचमुच में भयानक है। सरकंडी को भी बारिश बहुत पसन्द थी, लेकिन वह तो केवल उसका स्वार्थ था।" तभी एक और बूँद गिरी।

"अगर बारिश से भी न बचा सके तो बुत किस काम का?" उसने सोचा, "मैं कोई अच्छा चिमनी पॉट ढूँढता हूँ।" और उसने वहाँ से उड़ जाने का निर्णय किया।

लेकिन पंख पसारते ही, तीसरी बूँद भी उस पर गिरी, और उसने ऊपर देखा, और देखा- आह! क्या देखा उसने ?

सुखी राजकुमार की आँखें आँसुओं से भरी हुई थीं, और आँसू उसके सुनहरे गालों तक लुढ़क आए थे. चाँदनी में उसका चेहरा इतना दिपदिपा रहा था कि अबाबील को उस पर दया आ गई।

"तुन कौन हो?" उसने पूछा।

"मैं हूँ प्रसन्न राजकुमार।"

"फिर तुम रो क्यों रहे हो?" अबाबील ने पूछा, "तुमने तो मुझे लगभग भिगो ही दिया है।"

"जब मैं जीवित था और मेरे पास मानव हृदय था," बुत ने कहा, "मैं जानता भी नहीं था कि आँसू क्या होते हैं,क्योंकि मैं 'चिंता-रहित महल' में रहता था, जहाँ दु:ख को प्रवेश की अनुमति नहीं होती। मैं दिन में अपने संगी साथियों के साथ उद्यान में खेलता रहता था और

शाम को ग्रेट हॉल में करता था। उद्यान के चारों ओर एक बहुत ऊँची दीवार थी, लेकिन मैंने कभी जानना ही नहीं चाहा कि दीवार के उस पार क्या था, मेरे आस -पास सब कुछ इतना सुन्दर था। मेरे दरबारी मुझे सुखी राजकुमार कह कर पुकारते थे, और मैं सचमुच बहुत प्रसन्न भी था, अगर आराम ही प्रसन्नता है तो। मैं सुख में जिया, सुख में ही मरा भी। और अब जबकि मैं मर चुका हूँ तो उन्होंने मुझे इतनी ऊँचाई पर स्थापित कर दिया है कि मैं अपने शहर की सारी कुरूपता और दयनीयता को देख सकता हूँ, और भले ही मेरा हृदय सिक्के से निर्मित है, फिर भी मेरे पास रोने के अतिरिक्त कोई चारा ही नहीं है।

"क्या! क्या वह असली सोना नहीं है?" अबाबील ने अपने-आप से कहा। वह इतना विनम्र था कि कोई व्यक्तिगत टिप्पणी ज़ोर से कर ही नहीं पाता था।

"दूर," बुत ने अपने ऊँचे संगीतमय स्वर में अपनी बात को जारी रखते हुए कहा, "बहुत दूर एक छोटी-सी गली में एक छोटा-सा घर है। उस घर की एक खिड़की खुली है, जिसमें से मैं एक स्त्री को मेज़ पर बैठे हुए देख पा रहा हूँ। उसका चेहरा छोटा और थका-माँदा है। उसके खुरदरे लाल हाथ सुइयों से हर जगह बिंधे पड़े हैं, क्योंकि वह एक दर्ज़िन है। वह रानी की विशेष परिचारिकाओं में सबसे सुन्दर एक परिचारिका के

साटिन के चोगे जो उसे दरबार में होने वाले नृत्य के अवसर पर पहनना है, पर उमंगों के फूल काढ़ रही है। कमरे के कोने में एक बिस्तर पर उसका नन्हा बालक बीमार पड़ा है। उसे बुख़ार है, और वह सन्तरे माँग रहा है। उसकी माँ के पास उसे देने के लिए नदी के पानी के सिवाए कुछ भी तो नहीं है, इसलिए वह रो रहा है। अबाबील, अबाबील, नन्हे अबाबील, क्या तुम मेरी तलवार की मूठ वाला माणिक्य उस दर्ज़िन को नहीं दोगे? मेरे पैर तो इस आधार से बँधे हुए हैं और मैं तो हिल भी नहीं सकता।"

"मिस्र में मेरी प्रतीक्षा हो रही है," अबाबील ने कहा। "मेरे मित्र नील नदी पर ऊपर नीचे उड़ रहे हैं और बड़े बड़े कमल-फूलों से बतिया रहे हैं। जल्दी ही वे महान राजा के मक़बरे में सोने चले जाएँगे। राजा अपने रंग-रोग़न किए हुए ताबूत में लेटा हुआ है। वह पीले वस्त्रों में लिपटा हुआ है, उसके सारे शरीर पर जड़ी-बूटियों का लेप किया गया है, उसके गले में हल्के पीले संगयशब की माला है, और उसके हाथ मुरझाये हुए पत्तों जैसे हैं।"

"अबाबील, अबाबील, नन्हे अबाबील," राजकुमार बोला, "क्या तुम एक रात मेरे साथ नहीं रुकोगे और मेरे सन्देशवाहक नहीं बनोगे? वह बालक इतना प्यासा है और माँ इतनी उदास है।"

"मुझे नहीं लगता कि मुझे बालक अच्छे लगते हैं," अबाबील बोला, "पिछली गर्मियों में मैं नदी के किनारे ठहरा हुआ था, वहाँ चक्की वाले के दो अशिष्ट बालक थे जो हमेशा मुझे पत्थर मारते रहते थे। वे कभी मुझे चोट तो नहीं पहुँचा पाए, बेशक; हम अबाबील कहीं ज़्यादा अच्छा उड़ लेते हैं, और मैं तो हूँ भी एक ऐसे परिवार से जो अपने फुर्तीलेपन के लिए प्रसिद्ध है, परन्तु फिर भी हमें पत्थर मारना निरादरपूर्ण तो है ही।"

परन्तु प्रसन्न राजकुमार इतना उदास दिखाई देने लगा कि अबाबील भी दुखी हो गया। "सर्दी बहुत है यहाँ," उसने कहा, "लेकिन मैं एक रात तुम्हारे साथ रुकुँगा और तुम्हारा सन्देशवाहक बनूँगा।"

"शुक्रिया, नन्हे अबाबील," राजकुमार ने कहा।

अबाबील ने राजकुमार की तलवार से माणिक्य निकाला उसे चोंच में दबाए शहर की छतों के ऊपर से होता हुआ उड़ गया।

वह चर्च के ऊँचे बुर्ज के पास से गुज़रा जहाँ देवदूत सफ़ेद काँच में प्रतिमाबद्ध थे। वह राजमहल के ऊपर से गुज़रा और उसने नृत्य की ध्वनियाँ सुनीं। एक सुन्दर लड़की अपने प्रेमी संग बाल्कनी पर आई। "कितने अद्भुत हैं सितारे!" उसने कहा, "और कितनी अद्भुत है प्रेम की शक्ति!" "मुझे उम्मीद है कि शाही नृत्य के लिए

मेरी पोषाक समय पर तैयार हो जाएगी," लड़की ने उत्तर दिया, "मैंने उस पर उमंगों के फूल काढ़ने के लिए कहा है लेकिन दर्ज़िनें सुस्त भी तो बहुत होती हैं।"

वह नदी के ऊपर से गुज़रा, जहाँ नौकाओं के मस्तूलों पर लालटेन लटके हुए थे। वह यहूदियों की बस्ती के ऊपर से गुज़रा जहाँ मोल-भाव करते हुए यहूदी तांबे के तराज़ुओं में धन तोल रहे थे। और अन्तता: वह उस दरिद्र घर में आ पहुँचा और उसने अन्दर देखा। बुखार में तपा हुआ वह बालक अपने बिस्तर पर छटपटा रहा था,और माँ गहरी नींद में थी, क्योंकि वह थकावट से चूर थी। उछल कर वह भीतर चला गया और उसने बड़ा माणिक्य दर्ज़िन के अंगुश्ताने के पास रख दिया। फिर हौले-से वह बालक के तपते हुए सर पर अपने पंखों से हवा देते हुए उसके बिस्तर के इर्द-गिर्द उड़ने लगा। "कितना आराम मिल रहा है मुझे," बालक ने कहा, "मैं ज़रूर अच्छा हो जाने वाला हूँ": और वह मीठी नींद सो गया।

अबाबील फिर उड़ा और सुखी राजकुमार के पास लौट आया, और उसने जो किया था राकुमार को बता दिया। "यह विचित्र है," उसने कहा, "इतनी सर्दी है लेकिन मैं अपने-आप को गर्म अनुभव कर रहा हूँ।"

"ऐसा इसलिए हो रहा है क्योंकि तुमने एक अच्छा काम किया है," राजकुमार ने कहा। और नन्हा

अबाबील सोचने लगा और सो गया। सोचना सदा उसे सुला देता था। पौ फटते ही वह जाकर नदी में नहाया। "कितनी विचित्र घटना है," पक्षी-विज्ञान के एक प्रोफ़ेसर ने पुल पार करते हुए कहा, ""अबाबील, और सर्दियों में!"और उसने इस विषय पर एक लम्बा पत्र स्थानीय समाचार पत्र के लिए लिखा।" सबने इस पत्र को उद्धृत किया, इस पत्र में इतने शब्द थे कि लोग इसे समझ ही नहीं पाए।

आज रात मैं मिस्र चला जाऊँगा," अबाबील ने कहा, और वह वहाँ से अपने चले जाने की संभावना से अत्यन्त उत्साहित था। उसने सभी सार्वजनिक स्मारक देखे, और बहुत देर तक चर्च के मीनार पर बैठा रहा। वह जहाँ भी जाता, चिड़ियाँ चहचहातीं और एक दूसरी से कहतीं, "कितना विशिष्ट अजनबी है!" और उसे बड़ा मज़ा आ रहा था।

"चाँद निकलते ही वह सुखी राजकुमार के पास जा उड़ा। "क्या मिस्र मिस्र में करने के लिए तुम्हारे पास कोई काम है? वह चिल्लाया; मैं अभी जाने वाला हूँ।"

"अबाबील, अबाबील, नन्हे अबाबील," राजकुमार बोला, "क्या तुम एक और रात मेरे साथ नहीं रुकोगे?"

"मिस्र में मेरा इंतिज़ार हो रहा है " अबाबील ने उत्तर दिया। कल मेरे मित्र दूसरे झरने को उड़ जाएँगे।

दरियाई घोड़ा नरकुलों में आराम करता है, और एक बहुत बड़े ग्रेनाइट सिंहासन पर मेम्नॉन देवता बैठते हैं। रात भर वे सितारों देखते हैं और सूर्योदय होते ही वे आनन्द के मारे चिल्ला उठते हैं, और फिर चुप्पी साध लेते हैं। दोपहर को पीले शेर नदी के किनारे पानी पीने आते हैं। उनकी आँखे हरे मणि की तरह होती हैं और उनका गर्जन झरने के गर्जन से भी ऊँचा होता है।"

"अबाबील, अबाबील, नन्हे अबाबील," राजकुमार ने कहा, "शहर से बहुत दूर एक घर की सबसे ऊपरी मंज़िल पर मुझे एक युवक दिखाई दे रहा है, वह क़ाग़ज़ों से अटी एक डेस्क पर झुका हुआ है, और पास ही एक गिलास में मुर्झाए हुए नील-पुष्प हैं। उसके बाल भूरे और घुँघराले हैं, उसके होंठ अनार –से लाल हैं, उसकी आँखें बड़ी बड़ी और स्वप्नीली हैं। वह मंच निर्देशक के लिए एक नाटक पूरा करने का प्रयास कर रहा है लेकिन सर्दी के मारे वह और लिख पाने में अक्षम है।उसके कमरे में आग भी नहीं है। और भूख ने उसे मूर्छित कर दिया है।"

"मैं एक रात और तुम्हारे साथ रुक जाऊँगा," सचमुच अच्छे दिल वाले अबाबील ने कहा, "क्या मैं दूसरा माणिक्य उसे भी दे दूँ ?"

"अफ़सोस! अब मेरे पास दूसरा माणिक्य नहीं है," राजकुमार ने कहा, अब तो मेरे पास बस आँखें ही

बची हैं, वे भारत से हज़ारों वर्ष पूर्व आयातित दुर्लभ नीलमणियों से निर्मित हैं। तुम एक निकालो और उसके पास ले जाओ। वह इसे जौहरी को बेच देगा, अपना खाना और आग ख़रीदेगा और अपना नाटक पूरा कर लेगा।"

प्यारे राजकुमार," अबाबील ने कहा," मैं यह नही कर सकता "; और वह रोने लगा।

"अबाबील, अबाबील, नन्हे अबाबील," राजकुमार ने कहा, "मेरे आदेश का पालन करो।"

अबाबील ने राजकुमार की एक आँख निकाली और छात्र की दुछत्ती की ओर उड़ गया। अन्दर जाना बहुत आसान था क्योंकि छत में एक सूराख था जिससे होता हुआ वह तेज़ी से कमरे में चला गया। युवक ने अपना सर अपनी बाहों में दे रखा था, इसलिए वह पंछी के पंखों की फड़फड़ाहट नहीं सुन पाया, और जब उसने सर उठाया तो मुर्झाए हुए नीलपुष्पों में पड़ी नीलमणी को देखा।

"मेरी पहचान बनने लगी है," वह चिल्लाया; "यह किसी महान प्रशंसक ने भिजवाई है।अब मैं अपना नाटक पूरा कर सकता हूँ," और वह बहुत प्रसन्न दिखाई दिया।

अगले दिन अबाबील उड़कर बन्दरगाह जा पहुँचा। वह एक बड़े समुद्री जहाज़ के मस्तूल पर बैठ गया और नविकों को बड़े रस्सों की सहायता से बड़ी-बड़ी अल्मारियों को ढोते हुए देखता रहा। हर अल्मारी के ऊपर आते ही वे "हैश्शा!" पुकारते थे। "मैं मिस्र जा रहा हूँ," अबाबील नें उन्हें पुकार कर कहा, लेकिन किसी ने ध्यान नहीं दिया, और चाँद निकलते ही वह सुखी राजकुमार के पास लौट गया।

"मैं तुम्हें अलविदा कहने आया हूँ," उसने राजकुमार को पुकार कर कहा।

"अबाबील, अबाबील, नन्हे अबाबील," बोला, "क्या तुम एक और रात मेरे साथ नहीं रुकोगे?"

"आजकल सर्दियाँ हैं," अबाबील ने उत्तर दिया, "और बहुत जल्दी ही जमा देने वाली बर्फ़ भी यहाँ गिरने वाली है। मिस्र में खजूर के हरियाले पेड़ों पर गर्म धूप होती है, और घड़ियाल कीचड़ में लेटे-लेटे अपने आस-पास को सुस्ती से निहारते रहते हैं। मेरे साथी बालबेक के मंदिर में घोंसला बना रहे हैं, और गुलाबी और सफ़ेद बतख़ें उन्हें देखकर एक-दूसरे से गुटर-गूँ की भाषा में बतिया रही हैं। प्यारे राजकुमार, अब मुझे तुम्हें छोड़ कर जाना ही होगा लेकिन मैं तुम्हें कभी नहीं भूलूँगा, और अगली वसन्त ऋतु में मैं तुम्हारे लिए उनकी जगह

जो तुमने बाँट दिए हैं, दो ख़ूबसूरत जवाहर वापस लाऊँगा। माणिक्य होगा लाल गुलाब से भी लाल और नीलमणि होगी महासागर-सी नीली।"

"नीचे वाले भवन-समूह में," सुखी राजकुमार ने कहा, "माचिस बेचने वाली एक नन्ही बच्ची खड़ी है। उसकी माचिसें उसके हाथ से छूट गन्दी नाली में गिरकर कर ख़राब हो गई हैं। उसका पिता उसे पीटेगा अगर वह कुछ पैसे अपने घर नहीं ले जा सकेगी, और वह रो रही है। उसके पास बूट या ज़ुराबें भी नहीं हैं और उसका नन्हा सर भी नंगा है। मेरी दूसरी आँख निकालो और उसे दे दो, और उसका पिता उसे पीटेगा नहीं।"

"मैं तुम्हारे साथ एक रात और ठहर जाऊँगा अबाबील ने कहा "लेकिन मैं तुम्हारी आँख नहीं निकाल सकता। तब तो तुम बिल्कुल अन्धे हो जाओगे। "

"अबाबील, अबाबील, नन्हे अबाबील," राजकुमार ने कहा, "मेरे आदेश का पालन करो।"

उसने राजकुमार की दूसरी आँख निकाल ली, और उसे ले कर तेज़ी से नीचे की ओर उड़ गया।

एक झपटे में उसने नीलमणि बच्ची के हाथ में सरका दी। "कितना सुन्दर काँच का टुकड़ा है," कहते हुए बच्ची चिल्लाई; और हँसती-हँसती अपने घर को भाग गई।

अबाबील फिर राजकुमार के पास लौट आया। "अब तुम अन्धे हो," उसने कहा, "इसलिए मैं सदा तुम्हारे साथ रहूँगा। "

"नहीं, नन्हे अबाबील" बेचारे राजकुमार ने कहा, "तुम्हें अवश्य मिस्र को चले जाना चाहिए।"

"मैं सदा तुम्हारे साथ रहूँगा,"कह कर अबाबील राजकुमार के पैरों पर सो गया।"

अगले सारे दिन वह राजकुमार के कन्धे पर बैठा रहा, और उसे अपने देखी हुई अद्भुत जगहों की कहानियाँ सुनाता रहा। उसने उसे नील नदी के लाल बगुलों के बारे में बताया जो खड़े रहकर अपनी चोंच से सुनहरी मछलियाँ पकड़ते रहते हैं ;स्फिंक्स के बारे में बताया जो संसार-सा पुराना है, रेगिस्तान में रहता है, और सर्वज्ञ है; व्यापारियों के बारे में बताया जो अपने ऊँटों के साथ-साथ अपने हाथों में तृण-मणियों की मालाएँ लिए चलते हैं और चाँद के पर्वतों के राजा के बारे में बताया जो आबनूस जैसा काला है और एक बहुत बड़े काँच की अराधना करता है; खजूर के पेड़ पर सोने वाले एक बड़े हरे साँप जिसके पास उसका पेट भरने के लिए बीस पुजारी हैं जो उसे शहद-सने केक खिलाते हैं के बारे में बताया, और एक बड़ी झील के बड़े बड़े चौड़े पत्तों पर तैरने वाले बौनों के बारे में बताया जो सदा तितलियों के साथ झगड़ते रहते हैं।

"प्यारे नन्हें अबाबील," राजकुमार ने कहा, "तुम मुझे बहुत अद्भुत बातें बता रहे हो, लेकिन कोई रहस्य दु:ख से बड़ा नहीं है। मेरे नगर के ऊपर उड़ो, नन्हे पंछी और बताओ कि वहाँ तुमने क्या देखा। "

अत: महानगर के ऊपर उड़ा अबाबील और उसने रईसों को अपने घरों में मौज-मस्ती करते हुए देखा, जबकि भिखारी द्वारों पर खड़े थे वह अँधेरी गलियों में उड़ा और उसने काली गलियों को निरुत्साहित निहारते भूखे बच्चों के सफ़ेद चेहरे देखे पुल के कमानीदार रास्ते में सवयं को गर्म रखने की कोशिश में एक-दूसरे से लिपटे हुए नन्हे बालक देखे। "कितनी भूख लगी है हमें!" उन्होंने कहा। "तुम यहाँ नहीं लेटोगे," चौकीदार चिल्लाया, और वे बारिश में भटकने लगे।

अबाबील वहाँ से उड़ा और उसने जो देखा था राजकुमार को बता दिया।

"मुझपर खरे सोने की पर्त चढ़ी है," राजकुमार ने कहा, "एक पर्त ले जाओ, और सब ग़रीबों में बाटँ दो, जीवित लोग सदा यह सोचते हैं कि स्वर्ण उन्हें सुखी बना सकता है।"

राजकुमार के काफ़ी बदसूरत और धूसर दिखाई देने तक अबाबील ने खरे सोने की पर्त निकाली और और पर्त दर पर्त ग़रीबों में बाँट दी, बच्चों के चेहरे और

भी गुलाबी हो गए, वे हँसते हुए गलियों में खेलने लगे। "अब हमारे पास रोटी है।" वे चिल्लाए।

और फिर बर्फ़ पड़ गई, और बर्फ़ के साथ आया कोहरा। गलियाँ चाँदी की-सी बनी हुई प्रतीत होने लगीं, वे इतनी चमकदार थीं। काँच की तलवारों जैसे हिमलम्ब घरों की छतों पर लटकते दिखाई देने लगे, सब लोग फ़र पहने घूमने लगे, नन्हे बालक सिन्दूरी लाल टोपियाँ पहने स्केटिंग करने लगे।

बेचारा नन्हा अबाबील सर्द से सर्दतर होता गया, लेकिन वह राजकुमार को छोड़ कर जाने वाला नहीं था वह उससे बहुत प्यार करता था। बेकर की नज़र बचा कर उसने बेकर के दरवाज़े के बाहर पड़े ब्रेड के टुकड़े इकट्ठे कर और अपने पंखों को फड़फड़ाकर अपने - आप को गर्म रखने की कोशिश की।

परन्तु अन्ततः वह जान गया कि वह मरने वाला है। अब उसमें बस एक बार राजकुमार के कन्धे तक उड़ने की ताक़त बची थी। "अलविदा प्यारे राजकुमार!" वह बुदबुदाया "क्या तुम मुझे अपना हाथ चूमने दोगे? "

"मुझे ख़ुशी है कि तुम आख़िर मिस्र को लौट रहे हो, नन्हे अबाबील " राजकुमार ने कहा, "यहाँ तुम बहुत देर तक रुके हो ; लेकिन तुम मुझे होंठों पर चूमो, क्योंकि मैं तुम्हें बहुत प्यार करता हूँ।"

"मैं मिस्र नहीं जा रहा हूँ," अबाबील ने कहा "मैं तो स्वर्ग जा रहा हूँ, मृत्यु नींद का ही तो भाई है, क्यों ? "

और उसने सुखी राजकुमार को होंठों पर चूम लिया, और उसके पैरों पर मरकर गिर गया।

उसी समय बुत के अन्दर से किसी चीज़ के चटकने की अजीब-सी आवाज़ आई मानो अन्दर कुछ टूट गया हो। तथ्य तो यह है कि सीसे से निर्मित दिल के चटक कर दो टुकड़े हो गए थे। निश्चय ही कोहरा बहुत भयानक रूप से निष्ठुर था।

अगली सुबह नगरपति, नगर पार्षदों के साथ नीचे के भवन समूह में सैर कर रहा था। स्तंभ के पास से गुज़रते हुए उसने बुत को देखा: "कितना भद्दा दिखाई दे रहा है सुखी राजकुमार! " उसने कहा।

"सचमुच बहुत भद्दा!" नगर-पार्षद चिल्लाए, क्योंकि वे सदा नगरपति से सहमत रहते थे; और वे सब उसे देखने वे ऊपर चले गए।

"माणिक्य उसकी तलवार से गिर चुका है और उसकी आँखें भी चली गई हैं, और अब वह सुनहरा भी नहीं रहा।" नगरपति ने कहा "और वास्तव में वह तो किसी भिखारी से भी गया गुज़रा है!" " भिखारी से भी गया गुज़रा है!" नगर पार्षदों ने कहा।

“और वास्तव में यह रहा उसके पैरों पर गिरा हुआ मृत पंछी!” नगरपति ने अपनी बात जारी रखते हुए कहा,”हमें एक उद्घोषणा करवा देनी चाहिए कि पंछियों को इस स्थान पर मरने की अनुमति नहीं है।” और नगर-लिपिक ने उसके सुझाव को नोट कर लिया।

सुखी राजकुमार के बुत को खींच कर गिरा दिया गया। “क्योंकि अब वह सुन्दर नहीं है, इसलिए वह किसी काम का भी नहीं है।” विश्व-विद्यालय के कला प्राध्यापक ने कहा।

बुत को भट्ठी में पिघला दिया गया, और यह निर्णय करने के लिए कि धातु का क्या किया जाए, नगरपति ने निगम की एक मीटिंग बुलवाई।” बेशक हमें एक और बुत खड़ा करना होगा,” उसने कहा,”और यह बुत मेरा अपना होगा।”

“मेरा होगा,” प्रत्येक नगर पार्षद ने बारी बारी से कहा, और वे झगड़ने लगे, मैंने आख़िरी बार जब उन्हें सुना था तो वे अभी झगड़ ही रहे थे।”

स्वार्थी राक्षस

प्रत्येक दिन दोपहर को जब लड़के स्कूल से पढ़कर लौटते थे तो वे राक्षस के बगीचे में खेलने के लिए जाया करते थे। यह बगीचा बड़ा और सुन्दर था जिसमें मुलायम हरे घास की मखमल बिछी हुई थी। इधर उधर घास पर सुन्दर पुष्प आसपास के सितारों की तरह जड़े हुए थे। बगीचे से बाहर मौलश्री के वृक्ष थे जिसमें बसन्त ऋतु में गुलाबी और मोती के समान श्वेत कलियाँ खिल रही होती थीं। शरद ऋतु में जिन वृक्षों में बढ़िया फल लगते थे, चिड़ियाँ इन वृक्षों पर बैठती थीं और मधुर राग में गाया करती थीं। बच्चे उन्हें सुनने के लिए अपना खेल भूल जाते थे । "हम यहाँ कितने सुखी हैं? वे एक दूसरे से कहा करते। एक दिन राक्षस वापस आया। वह अपने एक मित्र को देखने गया था और सात साल उसके यहाँ रहा था। जब सात

साल व्यतीत हो चुके और जब राक्षस वह सब कह चुका जो उसे अपने मित्र से कहना था (क्योंकि उसका वार्तालाप सीमित था) तब उसने अपने दुर्ग को वापिस जाने की सोची। जब वह वापिस आया तो उसने छोटे छोटे बालकों को अपने बगीचे में खेलते पाया।

"तुम वहाँ क्या कर रहे हो," राक्षस ने बड़ी ही रूखी आवाज में कहा और जिसे सुनकर सब लड़के भाग गए।

मेरा बग़ीचा, मेरा बगीचा है। यह कोई बतलाने की बात नहीं है और मैं इसमें अपने के अलावा किसी दूसरे को नहीं खेलने दूंगा। राक्षस ने कहा। इसके बाद उसने बगीचे के चारों तरफ एक ऊँची दीवार खड़ी की और एक नोटिस बोर्ड लगा दिया जिसमें लिखा था "यह आम रास्ता नहीं और जो इस आज्ञा को नहीं मानेगा और प्रवेश करेगा वह जुर्म का भागी होगा। वह सचमुच में बड़ा स्वार्थी राक्षस था। बेचारे बच्चों को खेलने के लिए अन्य कोई स्थान नहीं था। उन्होंने सड़क पर खेलने की चेष्टा की लेकिन सड़क धूल से भरी हुई थी और जिस पर पत्थर भी पड़े हुए थे। इस कारण बच्चे उसे पसन्द नहीं करते थे। वे बगीचे की ऊँची दीवाल के चारों तरफ चक्कर लगाते थे और भीतर के सुन्दर बगीचे की चर्चा किया करते थे। स्कूल से लौटते वक्त वे एक दूसरे से कहा करते "हम बगीचे में कितने खुश रहते थे"

तब बसन्त ऋतु आई और सब कहीं छोटी छोटी कलिकाएं और नन्हीं नन्हीं चिड़ियाँ दिखने लगीं। केवल स्वार्थी राक्षस के बगीचे में अब भी शीत ऋतु थी। चिड़ियों ने बगीचे में गीत नहीं गाए क्योंकि वहां बच्चे खेलने नहीं आते थे और वृक्षों में भी नई कोंपलें नहीं फूटी थीं। एक दिन घास में से एक सुन्दर फूल उगा लेकिन जब उसने राक्षस के बगीचे की वह सूचना देखी तो उसे बच्चों पर इतना दुख हुआ कि वह फिर से जमीन पर गिर कर मुरझा गया। इस सूचना से जिन लोगों को प्रसन्नता हुई वे थे बर्फ और कोहरा। उन्होंने कहा – "बसन्त ऋतु इस बगीचे को अपना वरदान देना भूल गई है, इसलिए हम लोग साल भर यहीं रहेंगे।"

तत्पश्चात् बर्फ ने सारी घास को अपने सफेद लबादे से ढंक दिया और कोहरे ने सभी पेड़ों पर सफेदी पोत दी। तब उन्होंने उत्तरी हवा को बुलाया और वह आ गई। यह हवा दिन-रात बगीचे में बडे जोर और आवाज के साथ बहा करती और इसने मकानों की चिमनी को गिरा दिया और कहा, "यह तो बहुत अच्छी जगह है और हमें यहाँ ओलों को बुलाना चाहिए।" कुछ समय बाद ओले भी आए और वे राक्षस के महल की छत पर प्रतिदिन तीन धण्टे तक तब तक बरसते रहे जब तक कि उसकी लगभग सभी चीजें नहीं टूट गईं। वह बगीचे में चारो ओर खूब तेजी से दौड़-धूप कर नाचता रहा।

"मुझे यह समझ में नहीं आता कि मेरे बाग में बसन्त का उदय क्यो नहीं हो रहा है। खिड़की पर बैठ कर बरफ के समान सफेद दिखते हुए बगीचे की ओर निहारते हुए राक्षस ने कहा, "मैं आशा करता हूँ कि कुछ दिन में ऋतु परिवर्तन अवश्य होगा।" लेकिन बगीचे में न तो बसन्त ऋतु ही आई और न ग्रीष्म ऋतु ही आई। शरद ऋतु ने सभी बगीचों में सुनहले फल कूल दिए परन्तु राक्षस के बगीचे के लिए अब भी कुछ न मिल सका। शरद ने कहा "यह राक्षस बहुत स्वार्थी है। इसलिए इस बगीचे में सदा ही शिशिर का राज्य रहा और बर्फ कोहरा ओले और उत्तरी हवायें यहाँ अपनी क्रीड़ा करती रहीं।

एक दिन सुबह जब राक्षस अपने बिस्तर पर लेटा हुआ जाग रहा था तो उसने एक मोहक गीत सुना। इसकी ध्वनि इतनी मधुर थी कि उसने सोचा कि शायद राजा के गायक गण इस मार्ग से जा रहे हैं। सचमुच ही उसकी खिड़की के बाहर एक कोयल गाना गा रही थी लेकिन उसने यह गाना इतने अधिक दिनों बाद सुना था कि आज उसे यह पक्षी गायन संसार का सबसे सुन्दर संगीत प्रतीत हुआ। इस संगीत के बाद ही ओलों ने उसके सिर पर बरसना बन्द कर दिया और उत्तरी हवा ने भी अपना गर्जन बन्द कर दिया। इसके बदले उसके खिड़की के खुले अंगों में से एक से सुन्दर

महक आने लगी। तब उसने कहा " मैं सोचता हूँ कि आखिर बसन्त आ ही गई"

यह कह कर वह बिस्तर से उछल पड़ा और चारों तरफ देखने लगा। पर उसने क्या देखा? उसने एक बहुत ही आश्चर्यजनक दृश्य देखा। उसके दुर्ग की चाहर दीवारी में एक छोटा सा छेद था जिसमें से कुछ लड़के रेंग रेंग कर दुर्ग में घुस आए ये और वहाँ के बगीचे में लगे वृक्षों की डालियों पर बैठे हुए थे। वह जितने पेड़ देख सकता था उसने देखे और प्रत्येक पर एक न एक बालक बैठा पाया। बहुत दिनों के बाद बच्चो को अपने ऊपर बैठा हुआ देख पेड़ इतने प्रसन्न हुए कि उनमें फूल उग आए। बच्चों के सिरों पर पत्तों से भरी शाखाएं लहराने लगीं। पक्षीगण भी अब इधर उधर घूम रहे थे और प्रसन्नता से अपनी कूकें मार रहे थे। और हरी घास में से फूल भी धीरे-धीरे हँसते हुए से उदित हो रहे थे। यह बहुत ही सुन्दर दृश्य था। इसके साथ ही बगीचे के एक कोने में अब भी शिशिर थी। यह कोना दुर्ग में बने हुए महल के सबसे अधिक दूर पर था। यहाँ एक छोटा लड़का खड़ा हुआ था। इतना छोटा था कि वह पेड़ों की डालियों तक नहीं पहुंच सकता था। और वह अपनी इस असफलता से झुंझला कर इधर-उधर घूमता हुआ रो रहा था। बेचारे वृक्ष पर भी काफी कोहरा और बर्फ ढंका हुआ था। उत्तरी हवा भी

इसके ऊपर तूफानी वेग से मँडरा रही थी। "बच्चे मेरे ऊपर चढ़ जाओ" वृक्ष ने बालक से कहा और अपनी डालें इतनी नीचे झुका ली जितना कि सम्भव था। परन्तु बच्चा फिर भी न चढ़ सका क्योंकि वह बहुत ही छोटा था।

यह देख कर राक्षस का हृदय द्रवित हो उठा, "उफ मैं कितना स्वार्थी रहा हूँ। अब मैं समझा कि बसन्त मेरे यहाँ क्यों नहीं ठहरती। अब मैं इस बच्चे को वृक्ष के शिखर पर बैठाऊँगा और वहाँ से अपनी दीवाल का दरवाजा खटखटाऊँगा और तब मेरा बगीचा हमेशा बच्चों के खेल का मैदान बन जाएगा" वह वास्तव में अपनी करनी पर बहुत दुखी हो रहा था।

अब वह सीढ़ी से उतर कर नीचे आया और धीरे से अपने सामने वाला दरवाजा खोल कर बगीचे में चला गया ? लेकिन लड़कों ने ज्योंही उसे देखा वे उससे इतना डर गए कि वे देखते ही भाग गए और बगीचे में पुनः शिशिर ऋतु का राज्य छा गया। केवल वही एक छोटा लड़का बचा जो दौड़ कर भाग नहीं सका क्योंकि उसकी आँखें आँसुओं से भरी थीं इसलिए वह राक्षस को आते हुए न देख सका। राक्षस ने इसी बच्चे को चुपके से पीछे से जाकर पकड़ लिया और उसे प्यार भरे हाथों से लेकर वृक्ष के शिखर पर बैठा दिया। उसके ऐसा करते ही पेड़ में फूल लग गये और पक्षी

गण वहां आकर कूकने लगे छोटे बच्चे ने भी अपने दोनों हाथ फैला कर राक्षस के गले में डाल दिए और उसे चूम लिया। जब दूसरे लड़कों ने यह सब देखा तो समझ लिया कि राक्षस अब दुष्ट नहीं रहा है और वे दौड़ कर बगीचे में आए और उनके साथ बसन्त ने भी अपने चरण वहाँ रखे और उनको देख कर राक्षस ने कहा, "प्यारे बच्चों अब यह तुम्हारा ही बगीचा है? और उसकी कुदाली लेकर दुर्ग की दीवार को तोड़ डाला। बारह बजे दिन को जब सब लोग बाजार जा रहे थे उन्होंने देखा कि राक्षस एक बडे ही सुन्दर बगीचे में बच्चों के साथ खेल रहा है।

सारे दिन वे खेलते रहे और शाम के वक्त वे राक्षस से विदा लेने के लिए आए।

"लेकिन तुम्हारा छोटा साथी कहाँ है? मेरा मतलब उस बच्चे से है जिसे मैंने पेड़ पर चढ़ा दिया था" उसने कहा। राक्षस उसे सबसे अधिक प्यार करता था क्योंकि उस बच्चे ने उसे चूमा था।

"हमें उसका पता नहीं है। बहुत सम्भव है कि वह चला गया हो" बच्चों ने कहा।

"तुम लोग उससे यहाँ कल आने के लिए कह देना" - राक्षस ने कहा।

लेकिन बच्चों ने जवाब दिया- "हम नहीं जानते हैं कि वह कहां रहता है और न हमने उसे इसके पहले कभी देखा ही है।" यह सुनकर राक्षस बहुत दुखी हुआ।

प्रति दिन दोपहर को जब स्कूल की छुट्टी हो जाती थी तब बच्चे आते और राक्षस के साथ खेला करते थे लेकिन जिस छोटे बच्चे को राक्षस प्यार करता था वह कभी नहीं दिखाई दिया। राक्षस इन सब बच्चों के प्रति बहुत ही दयालु था। तथापि वह अपने छोटे मित्र को देखने के लिए तरसता रहता था और हमेशा उसके विषय में चर्चा किया करता था। वह कहा करता " मैं उसको देखने की कितनी तीव्र इच्छा रखता हूँ। वर्ष बीतते गये और राक्षस बहुत वृद्ध और शिथिल हो चला और अधिक खेलने की सामर्थ्य उसमें नहीं रह गई। इसलिए बह एक बड़ी आराम कुरसी पर बैठा रहता और अपने बगीचे की प्रशंसा किया करता। वह कहता "मेरे बगीचे में कई प्रकार के सुन्दर पुष्प हैं लेकिन सब पुष्पों में बच्चे ही सबसे अधिक सुन्दर पुष्प हैं।" जाड़े में एक दिन सुबह कपड़े पहनते हुए राक्षस ने अपनी खिड़की के चारों ओर देखा। उसने शिशिर के प्रति घृणा प्रकट नहीं की क्योंकि वह जानता था कि सोता हुआ बसन्त ही शिशिर होता है। इसीलिए पहले भी इस ऋतु में मचकुन्द हो जाते हैं।

अब उसने अचानक ही अपनी आखें मलीं और वह आश्चर्यचकित हो देखता रह गया। वास्तव में यह एक शानदार दृश्य था। उसके बगीचे के सबसे दूर वाले कोने में एक पेड़ था जो सुन्दर सुन्दर सफेद कलियों से लदा हुआ था। इसकी सभी डालियाँ सुनहली थीं और उनमें रुपहले फूल लदे हुए थे। उसके नीचे वही छोटा लड़का खड़ा था जिससे उसने सबसे पहले प्यार किया था। आनन्द विभोर होकर वह अपने महल से नीचे आया और बगीचे में गया। वह जल्दी-जल्दी घास पर चल कर उस लड़के के पास गया और जब उसके पास पहुँचा तो उसका चेहरा क्रोध से लाल हो गया। वह बोला "यहाँ तुम्हें किसने बांधा है." उस लड़के की हथेली पर और उसके पैर पर दो दो कीलों के चिह्न थे। उसे देखकर वह झल्ला कर फिर बोला, "किसने तुम्हें यहाँ बाँध रखा है? मुझे जल्दी बताओ जिससे मैं उसे अपनी तलवार के घाट उतार सकूं।"

"मेरे दादा। ऐसा मत कहो। यह तो प्यार के घाव हैं." उस बालक ने उत्तर दिया।

"तुम कौन हो?" राक्षस ने पूछा और वह भय से थरथरा उठा और कुछेक क्षणों में वह उस छोटे बच्चे के सामने घुटने टेककर नत मस्तक हो गया। राक्षस की इस स्थिति पर बच्चे को बहुत हँसी आई ओर

उसने कहा, "दादा तुम एक बार और मुझे अपने बगीचे में खेलने दो फिर मैं आज ही तुम्हें अपने बगीचे में ले चलूंगा। क्या जानते हो कि मेरा बगीचा कौन है? मेरा बगीचा तो स्वर्ग है।"

उसी शाम को जब बाल मंडली उस बगीचे में खेलने गई तो उसने देखा कि उस पेड़ के नीचे सफेद पत्तियों से पूरी तरह ढंका हुआ राक्षस वहां मरा पड़ा है।